乘势·笃行

李文鸿 著

标杆企业持续增长
路径解析

中国商务出版社
CHINA COMMERCE AND TRADE PRESS

图书在版编目（CIP）数据

乘势·笃行：标杆企业持续增长路径解析／李文鸿
著. --北京：中国商务出版社，2024.6. -- ISBN 978-7-5103-5217-1

Ⅰ. F279. 245

中国国家版本馆 CIP 数据核字第 20241FL676 号

乘势·笃行：标杆企业持续增长路径解析

李文鸿　著

出版发行：中国商务出版社有限公司

地　　址：北京市东城区安定门外大街东后巷 28 号　邮　　编：100710

网　　址：http://www.cctpress.com

联系电话：010—64515150（发行部）　　　010—64212247（总编室）
　　　　　010—64515164（事业部）　　　010—64248236（印制部）

责任编辑：曹　蕾

排　　版：北京天逸合文化有限公司

印　　刷：深圳市鑫之源印刷有限公司

开　　本：787 毫米×1092 毫米　1/16

印　　张：15.5　　　　　　　　　　　　字　　数：244 千字

版　　次：2024 年 6 月第 1 版　　　　　　印　　次：2024 年 6 月第 1 次印刷

书　　号：ISBN 978-7-5103-5217-1

定　　价：87.90 元

序

华为、小米、比亚迪等在短短二三十年间成长为全球知名品牌、标杆企业，已经让世界瞩目。尤其是华为的飞速发展，引来众多企业关注，无数企业家想借鉴它的管理模式让自己的企业插上腾飞的翅膀，于是乎，很多人买来与之相关的书籍杂志研学，希望在字里行间找到一些蛛丝马迹。

那么，企业应该从华为这类标杆企业中学习什么？

在这个快速变化的时代，民营企业家们不仅要应对市场的竞争压力，还要不断学习新知识、掌握新技能，以应对各种挑战。大家推崇的相关读物，都注重论述标杆企业管理的某个方面，缺乏系统性论述，要想从中学习管理的逻辑，以点带面显然是不够的，而是要全面走入标杆企业的世界，探索创始人的管理思想。

第一，企业应当学习其科学技术、商业模式方面的创新精神。

企业家精神的核心是不停突围的精神，进一步来说就是创新精神。如果你不能为你的企业不停地寻找创新点、突破点、增长点，你就不是一个合格的领导者，不是一个合格的战略家。

商业世界中有两种创新方式，第一种叫作技术创新，第二种叫作模式创新。只有创新，才能不停地引领企业的发展，引领行业的发展，乃至于引领民营企业的发展。

华为等标杆企业在创新方面一直走在行业前列，不仅体现在技术创新上，也体现在模式创新上。这两种创新方式共同推动了企业的持续发展，助其保持了领先地位。

技术创新是标杆企业的核心竞争力之一。它们持续投入巨额研发资金，不断推出具有竞争力的新产品和解决方案。例如，在通信领域，华为推出了领先的 5G 技术和产品,为全球范围内的通信运营商提供高质量的网络覆盖和快速的数据传输服务。此外,它们还在人工智能、云计算、物联网等新兴技术领域进行积极探索和创新,为行业发展提供了强大的技术支持。

标杆企业通过优化业务流程、改进管理模式、创新商业模式等方式,不断提升企业的运营效率和盈利能力。例如,采用了"端到端"的业务流程管理模式,实现了从研发到生产、从销售到服务的全流程优化,提高了企业的响应速度和客户满意度。此外,它们还积极探索与合作伙伴的共赢模式,通过开放合作、共享资源等方式,共同推动行业发展。

同时,标杆企业的创新也引领了中国民营企业的发展。作为中国民营企业的佼佼者,它们在创新方面的探索和实践,为中国其他民营企业提供了宝贵的经验和启示。它们的成功表明,只有不断创新、不断进取,才能在激烈的市场竞争中立于不败之地。

第二,企业应当学习标杆企业创始人及团队的战略选择。

其实,很多创业者是没有战略思维和战略眼光的。我们谈了这么多年的战略,很多人还是不了解战略到底是什么东西。

我认为,这个世界上有两种游戏,一种是有限的游戏,以短暂的取胜为目的;另一种是无限的游戏,以延续游戏为目的。那么,你做的事业或者你心中的坚持,你给它的定义是一种有限的游戏,还是一种无限的游戏呢?

华为等标杆企业的成功与创始人及其团队的战略选择确实密不可分。它们的发展轨迹和战略决策体现了对"无限游戏"思维的深刻理解与执着追求。

在创始人的领导下,它们不仅注重短期的胜利和成果,更致力于构建长期的竞争优势和可持续发展。坚持在技术研发、产品质量、客户服务等方面持续投入和创新,这种对长期价值的追求正是"无限游戏"思维的体现。

第三,企业应当学习标杆企业的管理方法。

标杆企业的管理逻辑也有其独到之处,主要体现在以下几个方面。

首先,强调以客户为中心,这不仅是一个口号,更是贯穿企业运营各个环节的核心理念。深入了解客户需求,积极响应市场变化,通过不断的技术创新和产品优化来满足客户日益增长的需求。

其次,注重人才培养和团队建设。创始人深知人才是企业发展的根本,因此大力推行员工培训计划,鼓励员工自我提升和创新。同时,倡导团队合作和分享精神，通过团队的力量来推动企业的持续发展。

最后，坚持开放合作和共赢理念。在全球化的背景下，积极与全球各地的合作伙伴开展合作，共同推动行业发展。它们深知只有通过合作才能实现共赢，也才能更好地应对市场的挑战和变化。

标杆企业的这些管理逻辑不仅得到了实践的验证，也在企业持续高速的发展中得到了充分体现。它们的成功证明了"无限游戏"思维的重要性，也为企业家们提供了宝贵的启示和借鉴。在未来的发展中，它们将继续坚持这种思维和管理逻辑，不断追求卓越和创新，为行业的进步和发展贡献更多的力量。

有的创业者是这样子的：机会来了，赚一笔钱，就算取胜了。现在是短视频的风口，比如，凭借抖音平台，很多企业赚了一笔钱，这叫作有限的游戏。然而，这种"有限游戏"思维虽然短期内可能带来收益，长远来看，却可能限制企业的发展和持续竞争力。

相比之下，我更倾向于倡导一种"无限游戏"思维。这种思维强调企业的长期发展和持续创新，而不仅仅是追求短期的利润和成功。在无限的游戏中，企业需要不断地学习、成长和适应变化，以应对日益激烈的市场竞争和不断变化的客户需求。有些创业者从事的是无限的游戏，就是我越过这座山，还有另一座山；越过那座山，还有下一座山。

希望本书能为广大企业家带来帮助。

以此为序。

作　者
2024 年 5 月

目录

CONTENTS

1

第一章

管理哲学

追溯组织活力之源，贯穿企业管理思想的精华

　　以华为、小米、苹果等科技公司为例，注重客户、团队协作、持续创新和人才培养等的管理体系，为其持续发展和行业领先地位提供了坚实的支撑。通过不断优化组织结构和流程、激发员工潜力和创造力，得以激流勇进，立于潮头。

第一节

注重客户

　　一个企业必须先活下去才可能谋发展，但是，活下去必须要有利润，而利润只能来自客户。天底下唯一给企业带来利润的，只有客户，因此为客户服务是企业存在的唯一理由，客户需求是企业发展之魂与原动力。

　　华为一直坚持要以客户为中心，生产满足客户需求的产品。产品的客户黏性也越来越强。客户是企业发展的核心动力，是企业之魂。因此，它始终致力于赢得客户的信任和支持。

　　华为致力于为客户提供优质的产品和服务，从产品设计、生产到售后服务的每一个环节，都力求做到最好。它始终站在客户的角度，深入了解客户的实际需求，确保产品和服务能够满足客户的期望。通过不断收集和分析客户反馈，它不断优化产品和服务，提升客户满意度。它还通过建立完善的客户服务体系，确保客户在使用过程中能够得到及时、专业的支持，从而提升客户体验。

　　他们深知，与客户建立长期、稳定的合作关系是实现双赢的关键。因此，它在与客户合作的过程中，始终保持开放、透明的态度，积极与客户沟通，共同解决问题，实现共同发展。

　　同样，乔布斯创立苹果公司，其产品力强大，开创了智能手机的先河，良好的产品体验加上 iOS 操作系统，惊艳了"果粉"，这就是苹果公司的活力之源。即使在乔布斯之后，库克的苹果仅仅是挤牙膏式的创新，很难再出颠覆性的产品，但是依然有大量果粉去拥戴。

小米也是一家追求长期主义的企业。小米有很多独创之处，比如米粉帮助小米改进迭代产品。小米的产品深得米粉喜爱，得益于小米对产品的趋势判断非常精准，总是能抓住趋势顺势而为。

做好客户需求挖掘，一个重要的前提是，建立以客户为中心的思维方式。原因很简单，当今每个行业竞争激烈，企业服务在客户选择上占据了主导地位。面对客户多样化的需求，企业该如何做呢？

一、为客户提供高水平的产品或服务

以华为为例，它不仅在通信设备、智能终端等领域有着深厚的积累，还不断扩展其业务领域，提供云计算、大数据、人工智能等前沿技术的解决方案。它注重技术创新和研发投入，不断推出具有高性能、高可靠性、高安全性的产品和服务。它的产品和服务在设计上充分考虑用户的使用习惯和需求，提供简洁明了的操作界面和友好的用户体验。它的服务团队具备丰富的行业经验和专业知识，能够深入了解客户的需求和痛点，并提供高水平的解决方案。

二、为客户提供值得信赖的服务

客户服务已成为企业塑造持续竞争优势的核心抓手：打造一流的客户服务能力已成为企业竞争的新焦点，拥有持续竞争优势的企业的员工也能从战略层面以深邃的客户需求先见能力而征服客户、傲视群雄；而客户的不满、抱怨、投诉是企业与客户接触的核心环节，更是企业能否通过客户服务水平提升走向辉煌的分水岭，关注对于客户不满、抱怨、投诉的处理是提升企业整体服务水平的关键。

以华为为例，它的客户服务在业界一直以专业、高效和全面保障著称，是其赢得客户信任和支持的重要基石。

它通过与客户建立紧密的联系，深入了解客户的实际需求，确保提供的产品和服务能够真正满足客户的期望。服务店的工程师具备国家智能终端应用维修师认证，专业水准一流。同时，它还采用了智能备件柜和送料机器人等先进技术，提高了维修的成功率和效率。它不仅提供产品安装和调试服务，还为客户提供详细的操作手册、技术支持等资料,方便客户自己解决问题。

华为的客户服务以其专业、高效、全面保障和诚信可靠的特点,赢得了客户的广泛认可和信赖。对于客户来说,选择华为意味着选择了一个值得信赖的合作伙伴。

同样,有人问,作为一家火锅店,海底捞为什么这么火?因为海底捞的服务到位,很多客户就是冲着这种客户体验去的。

三、为客户提供个性化解决方案

在当前的市场竞争中,个性化需求已经成为客户选择产品或服务的重要考量因素。

以华为为例,它深知这一点,因此在客户服务方面不断进行创新,以满足客户日益增长的个性化需求。

它通过深入了解客户的行业、应用场景和具体需求,为客户量身定制解决方案。它的客户服务团队始终保持与客户的紧密联系,及时收集客户的反馈和建议。它在研发方面投入巨大,不断推出具有创新性和个性化的新产品和服务。这些创新不仅提升了产品的性能和质量,也为客户提供了更多选择和可能性。

第二节

团队协作

虽然每一个企业里面都可能存在着团队这种组织形式,但这并不意味着每一个团队的领导都曾经考虑过同样的问题:为什么要组建团队?仅仅是因为人多力量大,大家走到一起可以共同努力把一个困难的任务完成?还是因为随着分工的不同,一项工作需要几个人的合作才能够完成?

这些虽然都是团队的作用,但只是表象。我们组建团队的目的不是为了

1+1＝2，而是为了 1+1>2。通过协作爆发出 1+1>2 的效应，才是团队存在的真正价值！

一、配合是一个团队生存和运转的保障

配合是一个团队生存和运转的保障，没有了相互配合，团队就会像一盘散沙，各自为战，没有前进的方向。企业的工作，就是把已制定的计划变成现实，也就是执行。但是如何执行却是一门大学问。这时候，配合是保证执行力的先决条件。配合首先是服从，部门服从上级、部门之间按要求服从并协作，使决定的事和布置的工作有反应、有落实、有结果、有答复。

简单的说，合作才是团队存在的价值。没有合作，没有团队成员之间的配合，团队就不称其为团队。对于团队成员来说，团结协作就是要求他们真心实意地付出，以团队的共同愿景为重，进行优势互补，共同把团队的工作做好。所以，团队的所有工作成效最终只有一个检验标准，那就是协作精神。协作的原则就是我们一直强调的：优势互补。

二、团队协作，企业活力之源的重要驱动力

团队协作，是企业活力之源的重要驱动力。企业的成功，在很大程度上归功于其高效、紧密的团队协作模式，这种模式使公司能够迅速响应市场变化，持续创新，从而在激烈的竞争中保持领先地位。

华为团队协作的特点首先体现在"胜则举杯相庆，败则拼死相救"的团队精神上。这种精神鼓励员工在胜利时共享喜悦，在困难时相互扶持，共同面对挑战。这种团结一致的文化氛围，增强了员工之间的凝聚力和向心力，使得整个团队能够形成合力，共同应对各种挑战。

其次，它在团队协作方面还注重相互帮助而非相互利用，寻求互补远离互悖，以及保持同目标同方向。这些原则确保了团队成员之间能够真诚协作，实现资源配置的最优化，形成合力，保持行动的统一性和协调性。这种协作方式不仅提高了工作效率，也促进了团队成员之间的信任和合作。

再次，它还通过一系列制度和措施来强化团队协作。例如，鼓励内部竞

争和合作，通过模拟对手的策略和行动，不断挑战和完善自己的方案。这种制度使得团队成员能够在竞争中成长，个人能力能够在合作中提升。

最后，它还重视员工的培训和发展，通过提供丰富的培训资源和晋升机会，激发员工的潜力和创造力。这种关注员工成长的做法，使得团队成员能够不断提升自己的能力和素质，为团队的发展贡献更多的力量。

团队成员一定是在才能上互补的。这其实也是组建团队的基本要求：只有发挥每个人的特长，并注重流程，使之产生协同效应，才能共同完成团队的目标任务。

团队协作的成功在很大程度上确实归功于团队成员在才能上的互补性。这种互补性不仅体现在专业技能和知识背景上，还包括个人性格、工作经验以及思维方式等多个方面。通过优化团队成员的组合，能够充分利用每个人的优势，形成强大的合力，从而更高效地实现团队目标。

团队成员之间的互补性有助于解决复杂的问题和应对各种挑战。不同的专业技能和知识背景使得团队成员能够从多个角度审视问题，提出创新性的解决方案。同时，不同的性格和经验也使得团队成员在面对困难时能够相互支持、共同克服困难。

此外，还要注重团队协作的流程管理。通过明确的工作流程和沟通机制，确保团队成员之间的信息畅通和高效协作。这使得团队能够更快地响应市场变化和客户需求，提高整体工作效率。

协同效应是团队协作的核心。通过发挥每个人的特长并优化流程管理，企业能够形成强大的团队合力，共同应对各种挑战并实现团队目标。这种协同效应不仅提升了团队的竞争力，也为企业的持续发展奠定了坚实的基础。

三、如何让这种协作在团队的工作中体现出来

虽然我们认识到了协作的重要性，但是如何让这种协作在团队的工作中体现出来，仍然是一个值得思考的问题。一般来说，团队要想实现协作，要从分工、合作、监督这三个方面来入手解决，如图1-1所示。

图 1-1　团队如何实现协作

（一）分工

团队分工的原则主要是确保每个成员的具体工作及相应职责都得到合理且明确的划分。这一原则旨在保证团队成员能够清晰了解自己的职责范围，从而更好地协同工作，实现团队目标。所谓合理的划分，是指每个团队内成员的能力必须与其从事的具体工作相匹配，这也就是我们前面谈过的"让合适的人做合适的事"。而所谓明确的划分，则是指每个团队成员的具体工作和职责都应该是清晰的，可以量化的，可以被考核的，只有这样，团队内的每一位成员才能真正对自己的工作负责。

在一个团队中，高级管理层负责制定企业总体战略和目标，确保企业的长期发展。他们指导和监督各部门的运营和目标实施，协调跨部门合作，促进协同工作。部门经理则负责特定部门的运营和管理，设定和领导部门的战略目标和计划，管理和分配资源，确保部门的有效运营。

团队分工强调能力适配原则。这意味着将合适的员工放在合适的岗位上，以人岗匹配为目标。通过招聘或内部选拔符合岗位要求的员工，并进行必要的培训和在岗辅导，确保员工与岗位的匹配度持续提升。同时，随着岗位工作内容的变化，员工也需要主动学习，以适应新的岗位要求。

团队分工还遵循责权对等原则。每个员工在承担相应的分工时，都被赋予相应的权力。这样，员工在遇到问题时能够自主决策，提高工作效率。同时，为了确保工作的顺利进行，每位工作人员都有明确的分工，责任落实到个人。这样可以避免旁观者效应，确保项目团队中的每个成员都能积极参与，共同承担责任。

任务分工要均衡。打破"能人体系"的思维，将项目工作从"一人做事"的局面转向"让大家一起做事"。通过平衡员工的任务量，避免强行分配任务，提升项目成员之间的默契度和工作效率。

通过合理的分工，由于团队内的各成员做的都是自己最擅长的工作，其所发挥的协作效应也就能够最大化。

（二）合作

分工结束，接下来团队领导就要考虑工作中具体的合作问题了。而合作的关键在于打通团队内沟通渠道，赋能目标实现。

由于团队内各成员背景、学识、性格、人际关系以及具体工作的差异，如果缺乏一个良好的协调机制的话，他们彼此之间是很难自发完成良好的合作的。

解决这一问题的关键就是沟通。而且，不仅要有上下级之间的良好沟通，还要有同级成员之间的相互沟通。事实证明，良性的沟通往往建立在团队内部良好融洽的人际关系上。上下级互相尊重，而同级人员则相互信任，不钩心斗角，这是良性沟通的前提。当然，团队领导必须对沟通进行掌控，要知道，沟通也是有成本的，要是因为频繁的沟通而导致团队工作效率低下，或者因为沟通浪费了大家的时间，这个成本就有点大了。

一般来说，由于利益的冲突，团队内部自发的相互沟通往往会遇到许多障碍。此时就需要团队领导出面协调，协调的作用首先是协调各成员所负责的具体工作，使之可以得到顺利的衔接，得到有机整合；其次是协调各成员彼此间的人际关系，从而促进合作的积极性，使得整个团队可以更紧密协作。这些，都要求团队领导必须有良好的沟通能力。

（三）监督

最后一点，也是很容易被忽视的一点就是监督。团队领导不仅仅要监督团队工作的整体进度，还需要监督团队内各成员自身工作的进度。

监督的目的是促使团队内各成员都负责地完成本职工作，并使之不进行任何可能危害团队工作的行为。因此，在对各成员完成职责的情况进行考察的同时，它还应该包括惩罚和激励机制。

惩罚的作用是矫正成员的不负责态度和危害性行为，使之树立起认真负责的态度，并给其他成员以警示。而激励的作用则是巩固成员对本职工作负责的态度，从而延续这种正确的工作态度，并给其他成员以榜样。

通过以上对分工、合作、监督这三个流程的具体操作，团队领导就可以为团队内的良好协作打好基础，以保证团队工作的顺利完成。

第三节

持续创新

作为企业，技术进步与产品创新永远是生存必不可少的手段。技术创新是产品创新的前提，产品创新是技术创新的延续和深入。

一、技术进步和产品创新在企业战略布局中的地位

创新理念应该深深植根于其企业文化之中，技术进步与产品创新不仅是其生存的必要手段，更是推动其持续发展的核心动力。技术创新和产品创新在科技企业的战略布局中占据举足轻重的地位，两者相互依存、相互促进，共同构筑了在市场竞争中的优势地位。

技术进步是企业创新的基石。持续投入大量资源进行技术研发，不断突破行业技术瓶颈，保持技术领先地位。这种技术进步不仅提升了产品的性能和品质，更为其产品创新提供了强大的技术支持。通过技术进步，企业能够更好地满足市场需求，设计出更具竞争力的新产品。

产品创新则是技术进步在市场应用中的具体体现。企业在产品创新方面注重市场导向，紧密关注消费者需求变化，及时调整产品策略。通过深入洞察市场趋势，能够精准把握消费者需求，从而设计出更符合市场需求的新产品。这些新产品不仅具备先进的技术性能，更在用户体验、外观设计等方面实现了创新突破，赢得了消费者的广泛认可。

二、技术进步与产品创新的紧密结合

技术进步与产品创新的紧密结合，使得企业在市场竞争中占据了有利地

位。一方面，技术进步为产品创新提供了源源不断的动力，推动企业不断推出具有竞争力的新产品；另一方面，产品创新又将技术创新成果转化为实际的市场竞争力，进一步巩固了企业在市场上的领先地位。

同时，企业还注重将技术进步与产品创新相结合，形成完整的创新链条。从技术研发到产品设计、生产、销售等各个环节，都力求实现创新协同，确保创新成果能够迅速转化为市场价值。这种创新协同的能力，使得企业在面对市场变化时能够迅速作出反应，抓住机遇，实现持续发展。

一个企业能否持续不断地进行产品创新，开发出适合市场需求的新产品，是决定企业能否持续健康发展的关键。尤其是在科学技术发展日新月异、产品生命周期大大缩短的互联网时代，数以千计、万计的巨量同类产品同台呈现，前所未有地被消费者反复推敲揣摩，比较筛选，企业产品面临的挑战更加严峻，消费者的理性清醒、专业睿智，使得产品面临史无前例的严格检查与优选。不及时更新产品，会导致企业的快速消亡。

三、不断变化的消费者需求，决定了企业必须不断创新产品

市场上没有永远畅销的产品，任何一种产品的市场存在只有时间长短之分，这是由产品生命周期理论决定的。产品是为了满足市场上消费者的需求而产生的，不同时期的消费者存在不同的消费倾向，见异思迁、求新求异是人类天性。尤其时下文化的多样性和经济水平的不断提高带来人们消费行为的特立独行，追求独特个性。

消费需求不断更新变化，市场总是对产品不断提出新的要求。适应消费者需求的产品即能在市场上生存；过时的、不能满足消费者需求的产品，会遭到市场无情的淘汰。市场规则的代价是惨重的，竞争是残酷的。

企业永远不能坐等自己的产品遭到市场淘汰后才去研发新产品。敏锐的商业嗅觉，对于消费需求发展趋势的研判与掌控是企业生存的基本能力。企业必须主动自觉地迎合市场的变化，开发相应的产品，这样，企业才能够不断发展，否则，企业的生存就面临威胁。

不断变化的消费者需求，决定了企业必须不断创新产品。归根结底产品是企业生命的载体，企业产品的过时，意味着企业以这种产品作为其生命载体的可能性消失，如果此时企业没有开发出新产品，企业就会随之消亡。

市场竞争是残酷的，消费者是挑剔的，任何产品都不会因为现时消费者的宠爱，就永远得到消费者的欣赏与青睐。消费需求是丰富多彩的，市场是瞬息万变的。因此，企业不断开发研制适应消费者需求变化的新产品，是一个企业永恒的生命活力，是不断健康发展的前提和基础。

四、企业的持续创新是其企业活力的重要源泉

企业的持续创新是其企业活力的重要源泉，也是其长期竞争优势的基石。这种创新不仅体现在产品和技术层面，更贯穿企业的组织、管理和文化等多个维度。

以华为为例，首先，它在产品研发和技术创新方面投入巨大。它持续跟踪全球科技前沿，加大在5G、云计算、人工智能等领域的研发投入，确保技术领先。同时，它也注重将技术创新与市场需求相结合，通过深入了解消费者需求，推动产品创新，满足市场多样化、个性化的需求。

其次，它的组织架构和管理模式也体现了创新的理念。它倡导扁平化、去中心化的组织结构，鼓励员工跨部门、跨领域合作，形成高效协同的创新团队。此外，它还推行了多种激励机制，如员工持股计划、创新奖励等，激发员工的创新热情和积极性。

再次，它的企业文化也是其持续创新的重要支撑。它强调开放、包容、协作、持续进化的价值观，鼓励员工敢于尝试、勇于探索，不怕失败。这种文化氛围使其能够保持敏锐的市场洞察力，快速响应市场变化，不断推出创新产品和服务。

最后，它还通过构建开放的创新生态系统，与全球合作伙伴共同推动创新。它积极参与国际标准制定，加强与高校、科研机构的合作，共同研发新技术、新产品。这种开放合作的创新模式不仅有助于其自身的发展，也推动了整个行业的进步。

由此可见，华为的持续创新是企业活力的体现，也是其长期发展的关键。通过不断的技术创新、组织创新和文化创新，企业保持了强大的市场竞争力，实现了持续稳健的发展。

第四节

人才培养

凡是做企业的人，都知道人才的重要性，可是如何才能找到人才，并留住人才呢？在这方面可以采取的办法是，为员工提供双通道发展模式，让他们每个人都有明确的发展空间。

一、企业的双通道发展模型

建立职业发展双通道，目的有两个，一是留住人才，二是挖掘人才。

在企业的双通道发展模型中，每个员工至少拥有两条职业发展通道。以技术人员为例，在获得二级技术资格之后，根据自身特长和意愿，既可以选择管理通道，也可以选择技术通道发展。两条通道的资格要求不同，如果技术方面突出，但领导或管理能力相对欠缺的话，就可以选择在技术通道上继续发展，一旦成长为资深技术专家，即使不担任管理职位，也可以享受公司副总裁级的薪酬与职业地位，企业也得以充分保留一批具有丰富经验的技术人才。很多员工还可以选择两个通道分别进行认证，企业采取"就高不就低"的原则来确定员工的职等待遇。

这样，对于每一名员工而言，根据自身特长和意愿，既可以选择管理通道发展，也可以选择与自己业务相关的专业通道发展，从而妥善解决了一般企业中"自古华山一条路，万众一心奔仕途"的问题。

二、不要把希望完全寄托于"空降"

无论是创业型企业还是成熟的大企业，都不要把希望完全寄托于"空降"。尤其是具备一定规模的企业，如果不脚踏实地自己培养骨干人才，而是大量引进"空降"来填充管理岗位，最后的结果只可能是弊大于利。很多企业的历史经验已经证明，"空降"虽然是好的，但数量却绝对不能太大。因为公司不一定能够消化掉大量的"空降"，而且，大量的"空降"必然会阻碍公司原有员工的晋升机会，从而打击他们的工作热情。

任正非很早就对此有清醒的认识。他认为，企业的骨干必须自己培养，必须从实践中来。如果不坚持骨干从实践中来，公司就一定会走向歧途。因为还没有足够的能力消化掉"空降人才"。为此，华为从 1997 年开始，就与 Hay Group 公司合作进行人力资源变革，并在 Hay Group 公司的帮助下，形成了对员工的选、育、用、留原则和对骨干的选拔、培养、任用、考核原则。

直到 2005 年，华为还在与 Hay Group 公司合作，进行领导力培养、开发和领导力素质模型的建立，为公司面向全球发展培养领导者。

三、骨干选拔上的"三权分立"机制

在骨干的选拔上，企业采取"三权分立"的机制。所谓"三权分立"，就是指业务部门有提名权，人力资源体系有评议权，党委有否决权。在具体的选拔程序方面，既不搞民主推荐，也不搞竞争上岗，而是以成熟的制度来选拔骨干。这个成熟的制度，包括了职位体系、任职资格体系、绩效考核体系、骨干的选拔和培养原则、骨干的选拔和任用程序、骨干的考核等内容。

当一名员工进入骨干的选拔程序时，企业首先会根据任职职位的要求与任职资格标准对他进行认证，认证的重点是他的品格、素质和责任结果完成情况。认证通过后还要对他进行 360 度考察，即通过主管、下属和周边全面评价他的任职情况。考察通过后，企业还要对他进行任前公示，每次任命都要公示半个月，在这半个月内每个员工都可以提意见，以使他处于员工的监督之下。为了让新提拔的骨干迅速进入状态，还特设了一个"适应期"，在"适应期"内，新骨干会被安排一个导师。"适应期"结束后，导师与相关部门认为他合格了才会让他转正。至此，一个新骨干的选拔程序才算结束。

转正后的骨干并非由此就获得了"铁饭碗"，因为实行的是能上能下的骨干任期制。在任期内，如果骨干不能完成目标，还是会被降职或者免职。公

司会对任期内的骨干在三个方面进行考核：一是责任结果导向、关键事件个人行为的评价考核；二是基于企业战略分层分级的述职，即PBC（个人绩效承诺）和末位淘汰的绩效管理机制；三是基于各级职位按任职资格标准认证的技术、业务专家晋升机制。

在责任结果导向、关键事件个人行为的评价考核中，企业考核的重点不完全是绩效。因为企业认为，绩效只能证明你是否胜任目前的工作，却不能证明你是否有承担更高职位的能力。因此，企业还要对你在关键事件中的个人行为进行考核。通过相关的评定依据，不同层面的主管会看你在关键事件中的表现，或有意让你在一些关键事件中进行锻炼，在锻炼过程中再对你表现出来的行为进行评价，然后得出绩效考核的结果和关键事件过程行为评价的结果。结果将与骨干的薪酬直接挂钩，在关键事件过程评价中不合格的骨干得不到提拔。

这其实就是一种既重结果又重过程的考核方式。在这种考核制度下，完成工作目标仅仅成了骨干不被淘汰的底线。要想得到高的考核评价，骨干就不能为了得到结果而不顾过程的合理性。显然，这就避免了许多企业常有的那种以投机取巧的手段来完成工作目标的现象，打下了企业可持续发展的基础。

在PBC和末位淘汰的管理机制下，企业的中层管理者如果年底目标完成率低于80%，正职要降为副职甚或被免职；年度各级主管PBC排名在后10%的要降职或调整，不能提拔副职为正职；业绩不好的团队原则上不能提拔骨干；犯过重大过失的管理者会被就地免职；被处分的骨干一年内不能提拔，更不能跨部门提拔。

没有详细的工作计划，PBC将很难实现。所以，PBC可以让各级管理者养成在工作中做计划的良好习惯。同时，末位淘汰制给各级管理者形成了无形的压力。即使你实现了PBC，如果你的考核成绩处于最后的10%，那你也要被淘汰出局，这就让每一位管理者都不得不尽最大努力把工作做到最好，而不是"及格万岁"。这也就从制度上避免了许多管理者"完成目标就好"的侥幸心理。

技术、业务专家的晋升机制比较简单，因为他们走的是专业路线，没有带团队的业绩压力，所以他们只要通过了各种职位标准的认证，就能晋升。

有一个重要的考核指标值得一提，那就是基于客户需求导向的客户满意度考核指标。客户满意度是从总裁到各级管理骨干的重要考核指标之一。而且，外部客户满意度是委托第三方公司调查的，这就保证了考核的公正性和有效性。

这套骨干选拔与培养机制虽然有效，却很难被直接借鉴，因为它需要一整套庞大成熟的人力资源管理体系做支撑。这对许多人力资源管理体系薄弱或者处于创业期的小公司来说，显然无法模仿。即便如此，我们仍然可以了解并学习骨干选拔中的一些基本理念和思路。

四、培养管理者必须是动态的活动

大多数企业在选拔骨干时都会陷入一个误区：把员工之前的工作表现作为选拔的标准。普遍意义上讲，已经做出工作成绩的员工确实是优秀员工，这却不应该成为骨干选拔的唯一标准。因为晋升不仅仅意味着对那些做出优秀成绩的员工进行奖励，它还意味着，企业需要借此机会，找到那些可以帮助组织实现未来战略的人才。

诚如彼得·德鲁克所说，培养管理者必须是动态的活动，绝不能只把目标放在今天，而必须总是把焦点放在明天的需求上。企业必须清楚：我们需要什么样的组织来达到明天的目标，因此会需要什么样的管理职务；为了满足明天的需求，管理者必须具备哪些条件，他们需要获得哪些新的技能，拥有哪些知识和能力，等等。

这才是真正的关键。在评价员工目前的绩效并对他们进行正式培养之前，我们必须先评价公司的战略需求，以搞清楚到底哪些职位可能会需要人，这些职位要求员工具备哪些工作技能等。

接下来，企业决策者才可以在以下四个方面厘清思路，进行决策。

第一，企业需要明确在骨干的选拔中，对骨干的衡量尺度应该是基于资历还是能力。

这个问题现在看来非常简单。因为越来越多的企业已经认识到了能力比资历更有效这个事实。难点在于，当新老员工的能力及业绩表现都差不多时，我们会做出何种决策。显然，这时企业需要更多的考核指标以便做出决策。

第二，企业需要明确如何评估员工的能力。

如果企业看重能力，那么应该如何定义和评估能力呢？通常来说，定义和评估过去的绩效会相对简单。但显然，晋升还需要其他一些因素，企业还需要能预测候选人未来绩效的合理步骤。这就需要企业对员工潜在的管理能力和领导素质做出一个科学的判断。有些个人能力非常优秀的员工，一旦走上管理岗位立即手足无措，不知道如何在新职位上开展工作，这就是缺乏基本的管理能力的表现。

第三，企业需要明确员工的晋升程序是正式的还是非正式的。

许多企业的员工晋升程序并没有一个明确的标准，往往是由某个人拍板决定。不光在小企业，这种现象在一些大企业中照样存在。显然，当员工发现自己的未来是掌握在某个人手里而不是某套正式公开的晋升制度和程序手里时，他就会把精力投放到人际关系的构造中，而不是去努力工作以达到晋升的考核要求。

第四，企业需要明确对员工的晋升是横向的、纵向的还是其他。

晋升并不像看上去那样简单。举例来说，当你的企业规模较小，没有足够的岗位去晋升那些表现优秀的人才时，你如何用晋升来激励员工？再比如，你如何向那些专业能力非常优秀，但缺乏管理能力或者对管理没有兴趣的专业技术人员提供晋升机会？

即使你无法模仿或学习华为等标杆企业在骨干选拔与培养上的做法，你也必须就上述四个决策做出解答。因为这是任何一家企业在骨干选拔与培养过程中必然会遇到的问题。除非企业并没有远大的战略目标，否则，企业必须就上述四个决策做出正确的选择，以保证企业有足够的优秀骨干队伍来支撑企业战略的发展。

在组织活力方面，也通过一系列措施来保持组织的活力和创新能力。例如，鼓励员工之间的交流和合作，提倡开放、包容、协作的企业文化，让员工在轻松愉快的氛围中工作和学习。此外，还通过定期的培训和学习活动，提升员工的专业技能和综合素质，使员工能够更好地适应市场和技术的变化。

第五节
战略抉择

如果对华为三十余年成长史进行总结，大致分为四个阶段，如图 1-2 所示。

第一阶段：1987—1992年

● 这时的华为刚刚起步，只是国内一家以贸易为主营业务的小型创业企业

第二阶段：1993—2000年

● 进行自主研发，实现技术突破，并通过正确的市场策略，迅速在国内扩张市场

第三阶段：2001—2004年

● 创造性地开启了员工持股的道路，并在俄罗斯、东南亚、非洲等新兴市场获得重大突破

第四阶段：2005年至今

● 全球销售收入跨越千亿美元大关，并成为全球电信领域的知识产权龙头企业和世界级的、商业性的大型跨国科技公司

图 1-2　企业成长史

今天的华为，已经可以说是当之无愧的行业领先者。所谓高处不胜寒，在商业世界漫长的丛林赛跑中，一位独自跑在前面的领先者，如何克服疲惫、寂寞，在随时可能迎面而来的风雪中，蹚过脚下可能出现的泥泞、坑洼，摆脱后来者的追赶，始终保持领先？组织的活力之源是什么？

对于企业来说，大致方向正确是前提，组织充满活力是核心。面临变化的环境，要进行理论探索，勇敢做出战略抉择。企业领导必须运用战略思维充分把握市场变化，有效进行应变，而这正是组织活力的来源。

任正非于 2017 年的企业上海战略会议上提出企业发展的基本逻辑:方向要大致正确,组织必须充满活力。

当时,与会的一些中层管理还是有所争议的,有的认为不能说方向大致正确,有些方向一定要绝对正确,比如以客户为中心;有的质疑讨论战略的时候,放入组织活力的课题是否合适。

对此,任正非做了两点澄清和解释:首先,这里的"方向"是指产业方向和技术方向,我们不可能完全看得准,做到大致准确就很了不起;其次,在方向大致准确的情况,组织充满活力非常重要,是确保战略执行、走向成功的关键。

一、没有绝对正确的方向,只有大致正确的方向

企业在漫漫征途中,如大海之一叶孤舟,没有方向是肯定不行的。但是过于追求绝对方向正确也不切实际。

其实,一个企业能够做到方向大致正确,已经是非常不容易的事了。有多少大企业倒在方向不正确的路上,又有多少大企业在方向大致正确的路上砥砺前行。王安电脑企业因不能看到 PC 机替代小型机的大致方向而倒闭;诺基亚手机王国因不能看到苹果代表的智能手机大致方向而轰然倒塌;微软一直不能看清楚互联网和移动互联网的大致方向而苦苦挣扎,直到看到并抓住云计算的大致方向而重获新生。

在商业环境中,由于市场变化莫测、技术发展迅速,企业很难对未来的发展趋势做出完全准确的预测。因此,强调方向的大致正确性,意味着在制定战略时,需要保持一定的灵活性和适应性。这种灵活性不仅体现在对市场变化的快速响应上,还体现在对新技术、新趋势的敏锐洞察和积极拥抱上。同时,大致正确的方向也避免了过于僵化和刻板的战略规划,使企业在面对不确定性时能够保持足够的灵活性和创新性。

二、成功最大的敌人,不是没有机会,而是没有立刻行动

战略是高屋建瓴,是一个企业的顶层设计,其战略重要性不言而喻。但是,怎么看待战略本身,以及如何在不断调整中推动战略执行更为重要。

管理大师彼得·德鲁克说过："决策是一种判断，是若干项方案中的选择。所谓选择，通常不是'是与非'间的选择，至多只是'似是与似非'中的选择。"

在方向不能保证完全正确，最多只能大致正确的前提下，我们要夺取战略胜利，在这个过程中，组织充满活力就分外关键。

无论企业的战略多么完美，只要员工没有执行力，战略就无法得以实现。"看得到做不到"，员工的执行力普遍不足，已经成为许多企业发展道路上的痼疾。

一家企业是否具备竞争力，与每个员工的执行力有直接的关系。当员工没有执行力的时候，再好的企业战略也会走向偏差，再领先的技术设备也发挥不出应有的效率，再睿智的领导也难以带领企业发展壮大……

成功最大的敌人，不是没有机会，而是没有立刻行动。对于一个大企业来说，立刻行动、肯打、能打就意味着组织活力。

阿里巴巴集团前 CEO 张勇曾说："大部分今天看来成功的所谓战略决策，常常伴随着偶然的被动选择，只不过是决策者、执行者的奋勇向前罢了。""其实回头来看，我们很多正确的选择都是偶然做出的。""战略是打出来的，已经总结出来的战略基本跟你没关系。"

三、"取乎其上"就是大致方向正确

华为当年在固网业务上获得成功后，下一跳的关键是在无线领域。但是在无线领域，遭遇了巨大困难，甚至差点熬不过来，差点就砍掉了。

可以说，在相当长的时间内，华为无线是在方向大致正确与大致不正确之间摇摆。之所以最后走出困境，除了公司不上市、不贪婪、更能熬之外，最核心的还是团队持久的战斗力：不怕困难，永远充满激情，永远充满组织活力。

华为有的时候战略正确，有的时候大致正确，有的时候甚至大致不正确。战略对的时候，能加快发展；不太对的时候，能及时调整。总体上靠的是快，学得快、做得快、改得快，快的后面是勤奋，勤奋后面就是上上下下的组织活力。

四、何为组织充满活力

组织充满活力，并不能简单理解为方向大致正确的前提下，工作的团队充满活力，在给定的方向上嗷嗷叫地往前冲，或者说领导负责方向大致正确，下面干活的负责组织充满活力。

组织充满活力，是整个组织上上下下充满活力，特别是决策团队的充满活力。

因为不确定的未来对战略制定的挑战越来越大，做到大致正确相当不容易，决策执行需要充满活力，决策制定、决策落实、决策调整更需要充满活力，用决策层的开放、努力、敢于自我批判、亲力亲为来弥补可能的战略能力缺失。

毋庸讳言，在成为一个大企业后，谁也逃避不了大企业病的束缚，比如机构冗余、层层汇报、权力分散、决策缓慢、部门墙厚重等。

其中决策组织缺乏活力、缺乏效率、缺乏最后的担当，也缺乏弹性，是相当大的一个问题。

面临不确定的未来，很多关键性业务的决策难度非常高，企业决策层在相当多的时候变得更为谨慎，这种谨慎就转换为对下面业务汇报部门的地狱式煎熬，评审，评审，再评审。

比如：做没做过市场调查？做没做过客户访谈？有没有做过友商分析？何以证明你这个逻辑是符合商业本质的？对一个东西的商业本质是有很多认识的，何以证明你的认识就高人一筹？何以证明你的价值是超预期的？何以证明你的预设就是正确的？

你的收入、利润、现金流预测是什么？为什么能做到？为什么这些不是创造的数字呢？你怎么保证出现偏差之后进行调整？

……

汇报一次接一次，幻灯片改了一版又一版，不过是形式主义罢了。

其实，我们都知道，在当今复杂的形势下，战略规划无法消除风险，最多只能提高成功概率。若想勇敢做出战略抉择，管理者必须首先接受这一事实。

这种关键业务领域的拓展，其实和创业是非常像的，再有能力的创业者也无法在出发之前就想清楚所有的事情，即便是你已经想清楚，一旦开始做也会发生很多变化，大多数企业成功时的方向和最初设想的方向都大相径庭。

创业者需要在前进的过程中根据市场的情况以及消费者的反应，甚至是竞争对手的动态来随机应变。这种应变就是一种重要的组织活力，而我们正在日益丧失这种宝贵的活力。

在大企业，只能用摔跤（出错）来学习，什么人都推不动，只有摔了跟头、摔痛了才能学习，才能有所改变。

五、如何使组织充满活力

一家全球知名的标杆企业，其成功背后有着独特的经营理念和管理智慧。其中，"方向只能大致正确，组织必须充满活力"这一理念，体现了在战略决策和组织建设上的卓见。

一个充满活力的组织能够激发员工的积极性和创造力，推动企业不断向前发展。为了实现这一目标，标杆企业在组织建设上采取了多项措施。例如，强调团队合作和跨部门协作，打破部门壁垒，促进信息共享和资源整合。此外，还注重员工的培训和发展，通过提供丰富的学习机会和职业发展路径，激发员工的潜力和创造力。

通过激励机制和文化建设可以增强组织的活力。标杆企业实行了一套公平、透明的薪酬和福利制度，让员工感受到自己的付出得到了应有的回报。此外，还倡导开放、包容、创新的企业文化，鼓励员工敢于尝试、勇于创新，为企业的发展贡献自己的力量。

总的来说，"方向只能大致正确，组织必须充满活力"这一理念是在战略决策和组织建设上的核心思想。它强调了企业在面对不确定性时应保持灵活性和适应性，同时注重激发组织的活力和创造力。这种理念不仅适用于小米、苹果等这样的科技企业，也对其他类型的企业具有借鉴意义。在未来的发展中，只要继续坚持这一理念，不断追求卓越和创新，就可以推动企业实现可持续发展。

第六节

流程变革

流程的有序化可以为企业带来成功，而流程僵化，则会使业务和创新受限。流程变革，就是一个去伪存真、极简化的过程。

老员工会感叹当年一个人可以同时开发五块单板，十几个人可以半年做出一款新产品，而现在立项一个新版本，动辄上百人，耗时超一载。问题出在哪里？于是，有人出来诟病流程太厚重，事实果真如此吗？

在创业之初，第一重要的是创新速度，流程相对而言没有那么重要。而且，没有优秀的实践，哪来的流程？小团队扁平沟通，团队具有极强的自学习、自优化和自愈能力，一定程度上弥补了没有流程指引的问题。反而，没有流程的"约束"，没有网上存量包袱，新产品开发和上市速度的确可以很快。

一开始，文档都可以不写，因为从设计、开发、测试到开局，所有代码，一个大牛人就全搞定，根本不用写，全在脑子里面。那是"个人英雄主义"的时代。看上去充满活力，内部实则混乱无序，半夜被叫到公司加班出补丁是家常便饭。

公司发展进入中期，产品多样化，同一个产品有了网上存量版本、开发版本、新立项版本，多条线运作，团队规模普遍突破了150人，逼近个人沟通范围的上限，团队里很多人互相都不认识，直接靠个人沟通已经无法解决问题。这个时候，流程与质量管理体系开始彰显其价值。

在这个过程中，产品研发逐步形成了体系，虽然新产品上市时间变长了，但上市之后的质量稳定周期却大幅缩短。

高科技研发属于智力密集型，既需要大量员工，又需要这些员工具备高端知识。如果没有成熟的管理考核体系，大量的高端人才聚集在一起并不是好事情，那也许是吞噬企业资金的一个"大坑"。

从流程的角度来看，标杆企业致力于通过减少流程中的冗余和不必要的步骤来为组织减负。通过简化和优化流程，企业能够更快地响应市场变化，提高决策效率，并在整体上减少资源浪费。通过引入先进的流程管理工具和技术，实现了流程的数字化和智能化，进一步提升了流程的效率和可控性。

标杆企业的流程管理，对我们有哪些启示？

人们不喜欢流程化、标准化工作，认为这么做只是方便了企业的管理与监控，对自己的工作业绩却无帮助，甚至会大大降低自己的工作效率。

实际上，这是一种严重的认识误区。因为只有把工作流程化、标准化了，我们的工作表现才不会忽好忽坏，我们所追求的持续进步，也才能有坚实的基础。亨利·福特说过："今天的标准化是明天改进的必要基础。"如果你认为标准化是今天你所知道的最好的事情，但是明天就需要改进，那么你一定会取得进步。但是如果你认为标准是一种限制，那么进步就会停止。

显然，一个人要想不断提升自己的工作业绩，就要让过去每次的成功或失败都"有迹可循"。既要知道是哪些因素促成了成功，也要知道是哪些因素导致了失败。比如，如果你想提高效率，你就要知道过去做同样的工作耗费了多少时间；如果你想提高自己的工作质量，就要知道过去已经达到了什么程度，以及哪些地方可能存在不足；如果你想降低成本，就要找到过去可能造成浪费的环节。

所有涉及提升自己工作业绩的目标，都需要你将过去的工作流程化、标准化。不如此，就失去了一个比较参照的标准，那么所谓的提升，也就只能是一句空谈。

然而，变通会让这一切都变得不可能。因为变通是随机的，而这种随机的行为，会让我们的工作过程出现各种各样的变化，最终让结果变得不可预测。最关键的是，当一个人喜欢随意变通时，他就无法把过去的成功经验标准化。而没有标准化，持续改善就失去了根基。

从管理哲学阐述到各项政策制定，包括业务战略、人才管理等方面，标杆企业提倡与外界积极开展物质、能量、信息交换的开放精神，不断通过多劳多得、破格提拔、人员流动、简化管理来打破平衡态，克服队伍超稳态、流程冗长、组织臃肿、协同复杂等大企业病，激发活力，使企业走向持续的兴旺。所有的管理、经营行为就是为了达到一个目的——防止组织生命力的衰减，抵挡组织从有序趋于无序，避免组织逐渐走向混沌，直到死亡。

第七节

开放系统

老子说："合抱之木，生于毫末；九层之台，起于累土；千里之行，始于足下。"企业创立也是如此，在财力人力不足的情况下，首先解决的只能是吃饭问题，只有学会独立行走，才能参加百米冲刺，否则拿运动冠军只能是空谈。

一个企业正常的生命规律是从创办、成长、成熟、衰退，最后死亡这样一个过程。所以现在企业面临的一些问题就是中年危机。当然遇到中年危机的也不只某一个企业，所有成功的大企业如 IBM、微软等都会遇到。问题只是你能不能应对中年危机。

企业在发展过程中，在它的内部，由于经营规模的扩大，其管理的复杂程度也变高了，历史遗留的冗余的东西、不创造价值的东西会越来越多，边际效益也在递减；再加上外部的技术进步、新商业模式层出不穷、产业周期规律等因素，都不断地对企业构成种种威胁，最后就表现为企业创造价值的功能失效。

一、如何激发企业活力

"流水不腐"是一种自然现象的描述，意指流动的水能够保持其新鲜和活力，不易产生腐败。"户枢不蠹"意味着经常转动的门轴不容易被虫蠹侵蚀，也比喻经常运动的东西不容易受侵蚀。通过保持员工的流动性，鼓励员工在不同岗位、不同部门之间进行交流和轮换，从而激发员工的创新精神和活力，可以避免组织僵化。

"开放"意味着企业在业务合作、技术创新、人才培养等方面持开放态度，积极与外部世界进行交流与合作。这种开放性有助于企业吸收外部的优秀资源，推动公司的持续创新与发展。

标杆企业反对封闭式研发，强调开放合作。合作的方式也是采取合作伙伴模式，而非战略结盟，以便优胜劣汰、吐故纳新，长期保持与业界最优秀的伙伴进行合作。这种方式有助于掌握主动权和选择权。

《黑天鹅》的作者纳西姆·尼古拉斯·塔勒布曾说，在"黑天鹅"频发的时代，选择权可以让你具有反脆弱性。开放合作的基础是企业自身具备足够的竞争力，所以要保持开放，首先必须有强大的内部力量。

人的本性是贪婪懒惰和安逸享乐的，如何让人们长期艰苦奋斗，激发出生命活力？

企业的做法是用合理的价值分配，撬动更大的价值创造。

第一，100%员工持股是基础，让"物质—能量—物质"的转化损失最小。

第二，把最佳时间、最佳角色、最佳贡献匹配起来，激发奋斗活力，通过及时提拔和破格提拔优秀者冲淡懈怠，即"给火车头加满油"。

二、极度警惕管理过度和组织僵化

除了组织中的人，企业也极度警惕管理过度和组织僵化。比如，华为的"1130日落法"暂行规定，核心内容是"每增加一个流程节点，要减少两个流程节点；或每增加一个评审点，要减少两个评审点"。

对外，引进前沿技术、管理理念和先进思想；对内，以奋斗者为本，向奋斗者倾斜，"给火车头加满油"。

企业通过持续的研发投入、管理创新、组织结构创新以及流程变革，不断积蓄势能，提升竞争力。这些努力使企业在核心技术领域取得了显著进展，进入了无人区，构建了世界级竞争力。

三、没有分享意识，就等于让企业自寻死路

如果一家企业只有竞争意识没有合作意识，那它就会自尝苦果。

20 世纪 80 年代，苹果是高科技领域毋庸置疑的霸主。尽管 PC 是由 IBM 发明的，但苹果几乎就是 PC 的同义词。

IBM 的许多高管，特别是利润丰厚的业务部门高管，也认为 IBM 的 PC 只是玩具而已，在这种心态下，IBM 没有动力使 PC 成为其利润丰厚的业务。当时，大型主机和小型计算机为 IBM 带来了滚滚财源，公司业务也受到美国司法部的严格监管。对于渴望向外界表明自己并非垄断企业的 IBM 来说，没有比在 PC 中使用其他公司开发的操作系统更好的方式了。于是，IBM 先是试图使用 DR-DOS，但由于无法与开发者达成协议，随后转向微软。

与苹果创建的图形用户界面相比，微软的 MS-DOS 可谓相形见绌。因此，苹果对其 PC 将占领全球市场深信不疑，坚决不向其他 PC 厂商授权使用图形用户界面。事实上，如果苹果以开放的心态将其图形用户界面授权给其他 PC 厂商，比尔·盖茨可能永远都不会成为全球最富有的富翁之一。遗憾的是，苹果没有做到开放，但微软做到了，当微软开发出了 Windows 并可以和其他 PC 厂商兼容共享的时候，苹果输掉了 PC 大战，其 PC 产品只在一部分人群中受欢迎。

苹果公司封闭的结果是技巧和品位出众的 MAC 笔记本电脑只能成为美术家的小众宠儿。但进入互联网时代后，苹果吸取教训，心态比过去开放多了，开放了 API 和开发工具，因此吸引了众多开发者来与苹果公司实现合作共赢。

在市场瞬息万变的今天，我们没有分享意识，就等于让企业自寻死路。我们只有分享自己的资源，让竞争对手或者用户使用它，才是最好的出路。有的企业会想用封闭手段打击开放者，但这种做法往往都失败了，因为开放已经成为现代社会发展的潮流，如果我们不顺应潮流，就不会有发展的余地。

企业只有选择共赢，才能在竞争激烈的市场中活下去。共赢是现代企业发展的趋势，我们只有认识到这一点，并把它运用到企业经营中去，才是为企业活下去谋生路。

第八节
文化牵引

企业是商业组织，文化这种看起来虚无缥缈的东西，到底对企业的商业成功有没有贡献呢？

答案是肯定的。管理系统包括关系和节点。如果上下、左右、前后、内外等各种关系之间建立相互理解信任，如果每个岗位上的员工都被激发出做好工作的内驱力，80%的管理动作都可以取消，内部交易成本会大大降低。

这就是为什么当你还是一个小企业的时候，其流程、组织都不健全，但是却充满活力，能够积极高效地创造商业成功。这是文化的力量，是队伍的精气神。

文化一旦失效，管理就会乱象丛生，成本显著增加。烦琐管理，表现为冗长僵化的流程，叠床架屋的组织，几十个上百个评审点，PPT满天飞，汇报汇报再汇报就是不决策，决策了一层层选择性执行、扭曲执行，于是又派生出类别繁多的管控机构……

内部管理变得日趋复杂，往往意味着文化出现了问题，相互的信任、发自内心的事业追求逐渐消失。

企业为了弥补信任的缺位，就会增加更多的管理动作，而这些管理动作如果设计不当，可能会进一步削弱相互的信任，把内驱力、事业心变成考核驱动，没有激励就不干活，不监管就违规，责任权力碎片化……如此陷入恶性循环。

缺乏信任必然导致管理复杂化，进而导致内部交易成本不断升高，企业就触及发展的天花板了。

文化是能量场，呈同心圆放射状展开。随着企业规模增大，文化的边缘影响力随距离增加而弱化。无形的文化作用力弱化后，只好靠各种有形的管理机制来强拉维系，管理动作越多，成本越高，效率越低。所谓大企业病，就是这么来的。

事业激发事业心。企业愿景分解到每个员工身上，就是让员工发自内心地认为自己的工作有意义。走进华为松山湖的制造总部，你会看见一条醒目的标语：你每天都在造世界上最好的手机。这就是工作的意义。受意义驱动的人，才有工匠精神，才能造出精品。

用新的眼光审视我们在工业时代产生的管理体系，保留有用的，摒弃过时的。科学技术是第一生产力。随着技术革命开展，人员、组织、社会等各方面都在进步，管理也必须与时俱进。

文化如果深入人心，80%的管理动作都可以取消。

企业文化的核心价值观其实是针对人性的弱点逆向做功，如图1-3所示。

人性的弱点	企业核心价值观	激发精气神，导向熵减
以自我为中心，以上级为中心	以客户为中心	解决消极惰怠、富贵病、官僚主义、队伍板结等问题
以裙带关系为本，以论资排辈为本	以奋斗者为本	从短视的"自私"到远见的"自强"
意志力下降，成长瓶颈	长期艰苦奋斗	
缺乏安全感，自我保护	坚持自我批判	自做功，打破自身平衡舒适态，产生张力和思想流动，反思和提升自我

图1-3 企业核心价值观

企业文化在应对人性弱点方面，确实展现出了其独特的逆向做功智慧，成功激发出了强大的正能量。

首先，倡导"以客户为中心，以奋斗者为本"的核心价值观。这种价值观强调对客户的尊重和满足，以及对员工的认可和激励。通过这一价值观的引导，成功地将人性中的自私和惰性弱点转化为对客户需求的深入理解和积极回应，以及员工对工作的热情和投入。

其次，还强调艰苦奋斗和持续创新。在企业的发展历程中，无论是面对市场的激烈竞争还是技术的快速变革，都始终坚持艰苦奋斗的精神，不断追求卓越和创新。这种精神使得企业能够克服人性中的安逸和保守等弱点，以更加积极和进取的态度面对未来的挑战。

最后，注重自我批判和持续改进。没有完美的个人，只有完美的团队。通过自我批判，鼓励员工正视自己的不足，勇于承认错误，并从失败中汲取教训。这种文化氛围使得员工能够不断克服恐惧和逃避的弱点，以更加开放和包容的心态面对挑战和困难。

总的来说，它的企业文化通过逆向做功的方式，成功激发了员工的正能量。它将人性的弱点转化为前进的动力，使员工能够在工作中不断超越自我，实现个人和企业的共同成长。这种文化不仅为企业的发展提供了强大的动力支持，也为其他企业提供了宝贵的借鉴和启示。

所以，推行企业核心价值观是为了克服人性天然弱点，使我们鼓励的行为和自我价值贡献能够产生。当然人性是多面的，不全是消极的，也有很多积极的因素。把主要管理资源用于激发和帮助优秀员工快速成长，以构建积极进取的氛围，带动整个队伍前进的势头。

第二章
持续改革
我命由我不由天，变革是一种生存方式

如果把企业看作一个生物体，它也存在生命周期。有初创期、成长期、成熟期、停滞期以及衰退期。我们看到不断有新的企业诞生，也不断有企业从人们的视线中消失。任何一位企业家或者经理人都希望把自己的企业办得长久，但企业怎么才能办成百年老店？很重要的一条就是要不断地适应环境变化，持续改革。

第一节

变革背景

《左传》云："《书》曰：'居安思危。'思则有备，有备无患。"欧阳修作《伶官传序》言："忧劳可以兴国，逸豫可以亡身，自然之理也……夫祸患常积于忽微，而智勇多困于所溺。"

大凡成功的企业，管理者都有很强的忧患意识。未雨绸缪，防患于未然。比尔·盖茨谈微软的成功之道："微软离破产永远只有 18 个月。"张瑞敏说："我每天的心情都是如履薄冰，如临深渊。"柳传志谈联想："我们一直在设立一个机制，好让我们的经营者不打盹，你一打盹，对手的机会就来了。"

华为对每个员工灌输一种危机感：在高科技行业要么成为领先者，要么被淘汰，没有第三条路。正是如此，企业才保持了旺盛的生命力。

《伊索寓言》中有这样一则故事：

一只山猪正在大树旁勤奋地磨着獠牙，狐狸看见了，惊奇地问："现在又没有猎人追杀你，为什么要磨牙，何不躺下来好好休息？"山猪答道："真要等到猎人追杀我时，我再磨牙恐怕就来不及了！"

这则故事教育我们，时时刻刻都要有深重的忧患意识。

一、企业的"冬天"

企业的"冬天"，指的是企业在其发展历程中遭遇的重大危机和挑战。

这一事件并非特指某一次具体的危机，而是用来自我警醒、不断提醒员工要有危机意识的一个象征性说法。通过强调"冬天"的来临，意在激发员工的忧患意识和紧迫感，促使企业不断改革、创新，以应对可能的市场变化和挑战。

"冬天"代表着市场的寒冬、业务的萎缩、竞争的加剧以及可能的生存危机。企业要保持清醒的头脑，不断自我革新，以应对外部环境的不确定性。

企业的"冬天"，实际上是一个持续的过程，而非一次性的突发事件。在这个过程中，企业不断面临各种挑战和困难，如市场竞争的加剧、技术革新的快速推进、国际贸易环境的变化等。然而，正是这些挑战和困难，促使企业不断进行自我调整和优化，实现了持续的发展和壮大。

二、面对"冬天"的应对措施

面对"冬天"，企业应采取以下一系列措施来应对挑战。

首先，加大对研发和创新的投入，通过技术创新来提高产品的竞争力和市场地位。其次，优化内部管理和业务流程，提高企业的运营效率和市场响应速度。最后，还要积极开拓新的市场和业务领域，寻求新的增长点和发展机会。

第二节

企业变革

今天，我们正处于一个前所未有的时代，所面临的经营环境比以往任何时候都更加充满变数。全球经济格局的变动给企业经营带来了巨大挑战。随着全球化的深入推进，市场竞争日趋激烈，各国经济政策也在不断调整变化。这些变化要求企业必须具备更强的适应能力和更敏锐的市场洞察力，以在激烈的竞争中站稳脚跟。

同时，科技的快速发展也在深刻改变着企业的经营环境。人工智能、大数据、云计算等新技术不断涌现，为企业提供了前所未有的发展机遇，但也带来了许多挑战。企业需要紧跟科技发展的步伐，不断创新，以便在市场中立于不败之地。

此外，消费者需求的多样化也给企业经营带来了新的挑战。随着生活水平的提高，消费者对产品和服务的需求越来越个性化、多元化。企业需要深入了解消费者的需求变化，及时调整产品和服务策略，以满足消费者的需求。

在以上三方面的重压之下，很多企业意识到要活下去，就必须主动变革，以变求生。但在变革中却很少有企业把这三个问题想清楚，我们称之为"经典三问"：变革的目的究竟是什么？推进管理变革的思路是什么？领导骨干在管理变革中的责任是什么？

2002年的华为也经历着艰难背景下的变革，任正非称之为"华为的冬天"。那么，企业在变革中是如何看待和解决以上"经典三问"的呢？

华为前常务副总裁、EMT（经营管理团队）成员洪天峰很好地回答了这三个问题：

"我们今天所面临的经营环境比以往任何时候都充满变数。变化、风险、机会和收益以交互作用的方式强烈地冲击着我们的思维观念、行为方式与价值取向。

"一个企业必须发挥好自主能动性，不断应对纷繁复杂的环境变化，才能生存与发展。没有没落的行业，只有没落的企业。企业想要不没落，想要不断活下去，就必须用创造性思维，主动变革，以变求生。

"华为在当前较低迷的产业环境下，面临较大压力。这种压力，主要来自管理水平低，运作效率不高。要'过冬'，一定要将管理变革提到企业生死存亡的高度上来认识，管理变革的成功与否已经成为我们在未来能否活下去的关键。"

一、推行管理变革的目的

推进管理变革的目的是增加产出、厉行节约、提高人均效益，是为了改变过去粗放的运作方式，改变过去各级主管不对成本、产出和人均效益负责的状况。

如果管理上不去，产品质量就得不到持续提高，服务水平也会背上高成本的负担。现有的人员规模就会不断蚕食利润，研发力量就没有办法围绕客户需求快速整合，就没有办法不断推出有竞争力的产品和解决方案。

最终，企业可能面临"几不像"的尴尬局面，既不具备大企业快速复制、规模运作抵御风险的能力，也丧失了小企业快速灵活响应的能力。其发展到现阶段，已经跨越了小企业成长时期，只能向前走，向业界水平看齐，持续、有效地提高规模运作的职业化管理水平，这是一条必须渡过的大渡河。

1999 年 3 月，以 IPD 项目的启动为标志，华为开展了跨全流程的业务管理变革工作。任正非当时说过一句话："华为当前最重要的是管理，华为的潜力也在于管理，管理提高了，管理的思想和方法都进步了，华为的能力就增强了。"的确，按照西方友商现有的规模和人均产出，华为还有几倍的提高空间。

管理是生产力，推进管理变革就是为了进一步提高"打粮食"的能力，进一步提高成为优先满足客户需求的企业的能力，进一步提高为客户提供"质量好、成本低、服务好"的产品和服务的能力。

这些年，华为持续不断地进行管理变革，就是为了使企业平静下来，规范起来，提升企业的规范运作和职业化能力。在某些方面，华为已经有了明显的进步，管理开始与国际接轨。这种进步使其在拓展海外市场的过程中，逐渐赢得海外客户的认可、尊重和订单。

二、推进管理变革的思路

在管理变革的推行中，培育一支由中层骨干组成的战略预备队。随着流程和 IT 的建设，企业要撤销合并一些部门，进行定岗定编，可能不需要那么多骨干。这些骨干的出路在哪里呢？那些对企业忠诚、吃苦耐劳、能担责任的骨干，同样是业务发展的重要力量，就把他们放到战略预备队和资源池中。通过艰苦的培训与锻炼，当出现新的市场机会或新的增长点时，这支战略后备力量能够随时响应企业的号召扑上去，去抓住机会，去承担重要的岗位责任。

对于参与了变革推行，且工作积极投入、绩效明显的优秀员工，要及时给予激励；对于抵制或者拒绝变革的员工采取降职、降薪乃至末位淘汰等办法。同时加强跨部门之间的人力调配以保障公司的战略重点，适当地进行组织整合，多安排一些角色，少设置一些部门，拆掉一些"庙"，疏通瓶颈，提高流程的运作效率。

三、中高层管理在管理变革中的责任

越是在困难的时候，高级骨干就越要在黑暗中发出生命的微光、发挥主观能动性、鼓舞队伍必胜的信心、引导队伍走向胜利。

变革的成功来自中高层管理的推动，变革的失败也一定来自中高层管理的怀疑和阻力。管理变革走到现在，已经走到了关键的时刻，坚持就是胜利。

从 IPD/ISC 全面会战，以及以后持续的管理改进，变革理念会成为企业的一种行为方式和基本的工作态度。然而变革必然要求组织和员工走出自己的"舒适区"按照流程和规范的要求提高技能水平，改变工作习惯，调整管理风格，甚至可以为了企业的整体利益不计较自己短期的利益得失。

各级主管首先要成为变革执行的坚定拥趸，增强紧迫感、使命感，树立必胜的信心，然后再用自己的表率行为感染和引导自己团队中的每个员工。

中高层管理不能做变革的旁观者，对变革的支持不能只停留在口头上，不能只停留在要求下属上，而应该从自身做起，以积极、开放的心态支持和领导企业的各项变革，把变革的要求切实落实到日常行为，不断改变以前自己习惯的做法。变革要从中高层管理做起，不能等所有人都变得职业化、规范化，中高层管理却成了最后需要改变的人。

只要中高层管理从自我做起，投身变革、拥抱变革，变革就一定能成功。为了使公司不断地活下去，静水潜流，要坚定不移地把变革进行到底。

第三节
变革时机

纵观企业全生命周期，如何寻找恰当的变革时机，保持企业活力与健康，是每个企业都要考虑的问题。企业大体上有两个典型的阶段或者时期适合启动变革：一个是成长期，另一个是成熟期，如图 2-1 所示。

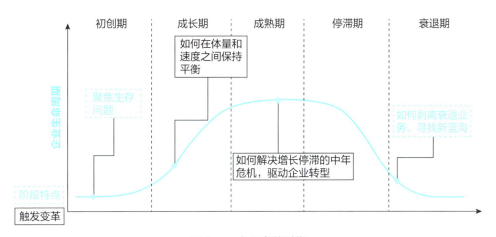

图 2-1　企业变革时期

企业在初创期，制度、流程往往都不重要，怎么使产品和服务让客户所接受，怎么使客户满意，如何使客户重复购买，怎么让企业活下来，是这个阶段的唯一课题。

一、成长期：问题凸显期

企业在进入成长期以后，随着规模的不断扩大，人员的不断增加，管理上的问题就会凸显出来，不再像初创期那么随意了。往往是换了一个经理，就换一套做法。企业在成长期最紧迫的问题，不是技术问题，也不是市场问题，而是制度建设问题。

在成长期，企业的主要任务是快速扩张市场份额，提升品牌影响力。这一时期，通过加大研发投入，推出一系列具有竞争力的产品和服务，迅速占领市场。同时，也积极开拓国际市场，与全球合作伙伴建立广泛的合作关系。在变革时机方面，在成长期需要灵活应对市场变化，不断调整战略和产品线，以满足客户的多样化需求。此外，随着企业的快速发展，还需要加强内部管理，优化组织结构，提升运营效率。

企业内部章程为成长期设定两个标准：一要超过主要竞争对手的增长速度，二要超过行业平均增长速度。如果低于主要竞争对手的增长速度，说明企业的竞争力和市场地位是下降的；如果低于行业的平均增长速度，说明企业已经病入膏肓了。这时候的变革在许多企业里叫作转型或者二次创业。

"一次创业"求生存，"二次创业"求发展。第二次创业的目标就是可持续发展，要用十年时间使各项工作与国际接轨。它的特点是要淡化企业家的个人色彩，强化职业化管理。

所谓"一次创业"，就是指企业从成立到活下来到在市场上站稳脚跟。在"一次创业"期间，企业的所有目标从根本上来说都是为了活下来。为了这个目标，企业需要把有限的资源和精力集中到能立即为企业盈利的事情上来，而像企业文化、管理制度以及各种流程的建设等，在一定程度上会被弱化甚至被忽视。

当企业经历了一次创业之后，本身会具备一定的实力。这个时候，企业内部虽然还没有明确的文化和制度，但过去的工作经历会让大家在潜移默化中形成一套约定俗成的工作习惯。这些习惯奠定了企业过去的成功，但很容易成为企业未来发展的绊脚石。

按照事物发展的规律，企业此时如果不进行"二次创业"，不在内部进行一些变革，那么一定会走向衰亡。所以，企业要想迈向更高的台阶，就需要进行"二次创业"。

所谓"二次创业"，就是企业在取得高速增长之后，为了谋求进一步的发展而进行的内部变革过程。从本质上来说，它是企业发展到一定阶段后所进行的一次战略转型，是企业发展过程中的一次革命性的转变。可以说，企业要想继续发展，就必须进行二次创业，在企业已有的基础上，进行管理的科学化，不断挖掘内部潜力，以求获得进一步的发展。

简单来说，"二次创业"就是要摒弃过去曾经使企业取得一次创业成功的做法，用新的管理模式取代旧的模式。所以，二次创业成功的关键，是告别过去凭借个人素质来赢得并把握机会的时代，重新建立起一个依靠企业整体素质来实现持续发展的管理体系，这场变革对企业的每个人来说都是一个脱胎换骨的过程。

华为在1997年左右，也面临着二次创业的问题。虽然说在过去的时间里不断创造着辉煌，但是，在迅速发展的过程中，在许多方面，尤其是其研发体系，累积的问题越来越多。当时，这些问题单靠研发体系内部已无法解决。

首先，华为的研发流程是一种"串行"模式。当时，华为中研部的产品研发基本上还是以"开发人员设计，用户使用，用户有问题反馈再修改、完善"的传统方式运作，被称为"串行"模式。

举例来说，从1993年到1997年，华为的C&C08万门机至少推出了十个正式版本，这一方面证明了其早期技术力量雄厚，开发速度极快，另一方面也反映出其在版本研发上缺乏预见性和目的性。事实上，研发人员在设计时只注重功能的实现，对新产品的可生产性、可操作性、可维护性关注不够，导致了产品到了用户那里，研发人员才发觉使用维护的不方便。这样，一方面影响了设备的运行，另一方面再修改需要一段时间，最终就损害了公司产品在用户心目中的形象。

其次，华为的研发部门不能正确地抓住市场机会。早期，华为的研发往往是被动地被市场的一些特殊要求牵着鼻子走：今天市场部需要某种功能，研发部就加班加点地去实现；当市场部说某个功能不行的时候，研发部又赶忙去修改。由于没有仔细分析和调查市场需求，也没有好好思考下一个版本到底要解决哪些问题，要达到什么目的，更没有充分考虑到前后版本之间的兼容性，华为老是在"打补丁"的产品一方面给市场维护工作带来了无穷的工作量，另一方面也影响了客户的满意度。

最后，还有一些深层次的问题。比如，由于研发系统扩展太快，大量刚从学校毕业的基层研发人员普遍存在着严重的"重科研成果而轻商品化"的倾向。许多年轻的工程师自我感觉良好，他们对产品的可生产性要求不甚了解，对产品文件的重要性没有切身体会，对生产、工艺流程的可操作性及物料的可采购性漠不关心，其成本意识、效率意识、市场意识都十分淡薄。

在一次创业阶段，华为研发体系所存在的这些问题还在可控之中。但随着华为的规模越来越大，其研发体系也在逐步向深度和广度扩展，这个时候，研发体系所存在的种种矛盾就开始日益突出，并成为企业进一步壮大的绊脚石。此时，华为才选择了二次创业，通过请 IBM 公司的咨询顾问帮忙设计 IPD 流程，从根本上进行了管理流程的变革。

华为的 IPD 流程建设，虽然花费颇巨，耗时也很长，但它对华为后来的规模化扩张，有着无比重要的战略意义。

当前，国内很多企业都流传着"二次创业"的口号。许多企业领导都希望在企业具备了足够的实力后，能够率领旧部继续创造出更好的业绩，以实现企业价值以及自身价值的大幅提升。但从实际情况来看，提出这个口号的企业最后大多不了了之了。

通常来说，二次创业要比一次创业难度大。这是因为在二次创业时，企业的员工，尤其是一些创业元老，已经没有当初的激情和干劲了。而且，一次创业时大家的看法很一致，就是活下去，但二次创业时，大家的看法可能会出现分歧。

企业用了几年的时间才完成流程变革，其难度之大，可想而知。但是，不管难度多大，企业要想跨上一个新台阶都必须进行二次创业，从根本上对企业进行变革。只有认准方向并坚持下来了，企业的二次创业才会取得成功。

二、成熟期：变革集中期

另外一个变革集中期是在成熟期。这个阶段企业业务增速明显放缓，甚至企业的增长速度开始低于竞争对手的增长速度。这个时候，企业就到了变革的关键时期。

进入成熟期后，企业面临着更为复杂的市场环境和更高的竞争压力。此时，企业的主要任务是巩固市场地位，提升核心竞争力，实现可持续发展。在变革时机方面，企业需要关注行业发展趋势，紧跟科技创新的步伐，通过持续创新来保持竞争优势。同时，企业还需要加强品牌建设和企业文化建设，提升员工凝聚力和企业形象。此外，随着全球贸易环境的变化和地缘政治风险的增加，企业还需要加强风险管理和保证合规经营，确保公司的稳健发展。

我命由我不由天，变革是一种生存方式。华为的变革脉络，如图 2-2 所示。

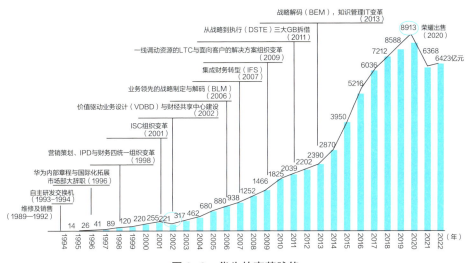

图 2-2　华为的变革脉络

第四节

内因驱动

内因为本、外因催化共同驱动企业开展端到端的体系性变革，如图 2-3 所示。

企业为什么要做这种变革？

华为在成长期就开始了重大管理变革，系统引进西方管理体系：供应链集成与管理体系、财经管理体系、客户关系管理体系、IT 信息技术体系、战略规划管理体系。

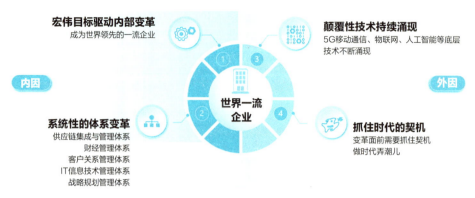

宏伟目标驱动内部变革
成为世界领先的一流企业

颠覆性技术持续涌现
5G移动通信、物联网、人工智能等底层
技术不断涌现

内因

世界一流
企业

外因

系统性的体系变革
供应链集成与管理体系
财经管理体系
客户关系管理体系
IT信息技术管理体系
战略规划管理体系

抓住时代的契机
变革面前需要抓住契机
做时代弄潮儿

图 2-3　企业端到端的体系性变革

表面看，它的变革并有特别出彩，变革内容也大同小异。是管理层的远见、团队的执行力、时代机遇等综合在一起促成了它的崛起。实际上是这样吗？下面我们来作一分析。

一、驱动变革的内因

企业目标是驱动变革的内因，是企业发展的动力源泉，也是推动其不断变革的内在驱动力。

要实现企业目标，就需要提升组织能力，缩小现实能力与企业目标之间的差距。这就是变革要解决的问题，领导者的作用就是适时引领变革。这一过程中，变革成为解决现实与目标之间矛盾的关键手段，领导者适时引领变革，确保企业能够持续、稳健地迈向目标。

为了实现企业的目标，需要在多个方面进行变革。

技术创新是企业的核心竞争力，因此必须加大研发投入，不断推出具有竞争力的新产品和解决方案。同时，还需要优化组织架构，提升运营效率，确保企业能够高效运转并快速响应市场变化。此外，人才是推动企业发展的重要因素，需要吸引和培养更多的优秀人才，为企业的长期发展提供有力支持。

在变革过程中，领导者的作用至关重要。领导者需要具备前瞻性的眼光和敏锐的洞察力，能够准确判断市场趋势和企业发展方向。同时，领导者还需要具备坚定的决心和强大的执行力，能够带领企业克服变革过程中的种种困难和挑战。领导者不仅要制定清晰的战略和目标，还需要通过有效的沟通和激励手段，激发员工的积极性和创造力，共同推动企业变革的顺利进行。

二、只改良，不革命

我们应将复杂的过程简化，而不能把简单的事情复杂化。

对于一个正常的企业来说，频繁的变革会让内外秩序很难安定地保障和延续。不变革不能提升企业的整体核心竞争力和工作效率，但变革是严肃的问题，各级部门切忌草率。一个有效的流程应长期稳定运行，不能因有一点问题就常去改动它，改动的成本会抵消改进的效益。

1999 年市场竞争加剧，华为号召全公司降低成本，员工杨玉岗在深入 100A 电源产品的实践中发现，该电源主变压器成本高、体积大、重量大，其磁芯全世界只有一家公司生产，也只有华为在使用。于是，他同部门同事陈贵林一起对该电磁元件进行技术改造、优化设计，降低了成本。对于这次小小的技术改进，任正非点名表扬，并对主要人员进行了奖励。

任正非在工作会议上说："我们要的是变革而不是革命，我们的变革是退一步进两步。"他要求管理者在处理矛盾的过程中要变得更加成熟。成熟的重要标志就是不走极端，多一些未雨绸缪和循序渐进的持续变革。

有些员工，领导交给他一件事，他能干出十件事，这种做法并不好。这种创新可能是在制造垃圾。每个人做好自己的本职工作，这样一层一层夯实，撒上一层再夯实，只有这样才能"稳坐调头船"。不必提出赶超战略，只要把自己的工作做好，自然会水到渠成。

企业应坚持改良，通过不断改良，实现从量变到质变的过程。在高速发展的过程中，轰轰烈烈的巨变可能会撕裂公司，所以要在撕裂和不撕裂中把握好度。处理发展速度的原则应该是有规律有预测地在合理的增长比例下发展，但是也必须意识到这样做所带来的不稳定。必须在此基础上不断地提高管理能力，不断地调整管理能力所能适应的修补程度，以使企业适应未来的长期发展。

说到底，还是为了生存。生存是硬道理，大刀阔斧地革命可能会导致企业死亡。这种相对"保守"的做法对于正在转型的企业来说是必需的，也是必要的。

第五节

外因催化

促成变革的外因：时代机遇。当前正处在一轮技术大爆炸时期，一批颠覆性、突破性的技术，比如人工智能、5G、物联网、大数据、云计算、基因技术、能源技术等大量涌现。

这些技术会带来天翻地覆、日新月异的变化，这对于企业来说既是冲击，也是机遇。抓住了，就可能成为弄潮儿；抓不住，就可能会被时代抛弃。

一、变革之路充满了外因催化的时代机遇

华为作为中国科技行业的领军企业，其变革之路充满了外因催化的时代机遇。这些机遇不仅促使其不断创新和进步，还使其成为科技浪潮中的弄潮儿。以下将以华为为例，详细探讨企业变革中的外因催化与时代机遇。

全球化与信息化的时代背景为其提供了广阔的发展空间。随着全球经济的不断融合和信息技术的飞速发展，凭借其在通信领域的深厚积累，迅速崛起为全球领先的通信设备供应商。在这一过程中，它不断抓住机遇，积极拓展国际市场，实现了从国内到全球的跨越式发展。

随着新科技革命的发展，"地球村"形成，联系空前加强，"你中有我，我中有你"。一味喊竞争，厮杀拼搏，就会很被动，处处受敌。现在商场不再一味强调"大鱼吃小鱼"，而是追求共赢。

二、在竞争中合作，在合作中竞争

在竞争中合作，在合作中竞争，这是华为坚持的原则。任正非说："我们把竞争对手称为友商，我们的友商是阿尔卡特、西门子、爱立信和摩托罗拉

等。我们宁愿放弃一些市场、一些利益，也要与友商合作，成为伙伴，共同创造良好的生存空间，共享价值链的利益。"

创业初期，企业力量弱小，技术上采用"拿来主义"，很早就和 TI、惠普、IBM、摩托罗拉等公司建立了联合实验室，以获得它们的技术支持。

2003 年在美国市场上，华为与思科打得不可开交。2005 年 12 月，钱伯斯访问深圳华为总部，开始了"破冰之旅"。在深圳坂田会议室里，两人放声大笑，第一次亲密握手，好像过去的厮杀从来就没有发生过一样。双方都意识到，互利共赢符合各自的利益。

在钱伯斯来华之前，任正非与时任西门子通信集团总裁托马斯·甘斯文特一起畅想两家在中国的 TD-SCDMA 合资公司的前景。任正非还曾经与当时的阿尔卡特总裁兼 COO 詹迈廷在法国的一个葡萄园参加私人聚会，谈论电信制造业的公司运营。

以前只会用"尊重"的字眼来对待华为的对手们，现在开始对任正非刮目相看了。任正非有了一大批世界级的朋友，摩托罗拉、北电、3Com、思科、阿尔卡特等企业的总裁都和任正非结成了好朋友。通过这一策略，华为赢得了良好的外部环境，为向世界级企业进军创造了条件。到 2005 年 1 月为止，它已经与 20 家全球顶级运营商建立了合作关系。

三、学习 IPD 改革，跟上时代步伐

俗话说，名师出高徒。在斯德哥尔摩的获奖讲演中，经济学家保罗·萨缪尔森诙谐而又不失严肃地说："怎样才能获得诺贝尔奖呢？其中一个条件就是要有伟大的导师。"华为正是选择了 IBM 这位世界级老师，为其在国际化征程中增加了一个举足轻重的砝码。

1997 年圣诞节前夕，任正非带领华为高层赴美，先后访问了休斯电子、IBM 公司、贝尔实验室和惠普公司。访问期间，时任 IBM 的 CEO 郭士纳给任正非留下了深刻的印象。

1993 年，五十一岁的郭士纳接管 IBM，当时 IBM 累计亏损高达 160 亿美元，美国许多媒体称"IBM 一只脚已经迈进了坟墓"。完全不了解 IT 技术的

门外汉郭士纳临危受命，在当时并不被看好。经过几年艰苦卓绝的改革，IBM起死回生，郭士纳创造了一个奇迹。

1998年，华为成立已经十年了。其产品开发和市场销售都已取得重大的突破，公司的销售额达到了89亿元，可以与国际一流电信设备制造商一争高下了。但是，它的问题也暴露出来。创业时期，企业发展势头迅猛，市场拉动作用显著。随着公司的迅速发展，粗放式管理、规模不经济日益突出，成本居高不下但收益却不增长。

企业每年拿出销售额的10%投入产品开发，但研发费用浪费比例和开发周期是业界最佳水平的两倍以上。研发费用每年翻番增长，研发效率却逐年下降，甚至许多产品在开发出来之前就已失去了商业价值。其取得的成就是华为人加班加点赶出来的，"我们没有时间将事情一次性做好，却总有时间将事情一做再做！"是华为人的真实写照。

通过考察，任正非发现华为与当年IBM面临的问题相似，为了世界级企业的梦想，为了其更快地发展，任正非决定向IBM"学招"，进行改革。

1998年8月，华为与IBM合作启动了"IT策略与规划（IT S&P）"项目，开始规划其未来三到五年需要开展的业务变革和IT项目，其中包括IPD（Integrated Product Development，集成产品开发）、ISC（Integrated Supply Chain，集成供应链）、IT系统重整、财务四统一等八个项目，IPD和ISC是重点。

任正非曾说："世界上还有非常多的好的管理，但是我们不能什么都学。因为这个往这边管，那个往那边管，综合起来就抵消为零。所以我们只向一个顾问学习，只学习IBM。"

华为的业务流程变革，遵循的步骤是先完成企业内部环节的变革，然后再向价值链的上游（供应商）和下游（客户）延伸；ISC变革按照先完成采购和库存、运输、订单履行等内部环节调整，再建设和优化ERP（企业资源规划）系统，最后发展电子商务的顺序进行。

据IBM顾问介绍，华为在重整供应链之前，其管理水平与业内其他公司相比存在较大的差距。华为的订单及时交货率只有50%，而国际上其他电信设备制造商的平均水平为94%；华为的库存周转率只有3.6次/年，而国际平均水平为9.4次/年；华为的订单履行周期长达20~25天，国际电信设备制造商平均水平为十天左右。重整供应链降低了成本，为华为早日成为世界级企业打下良好的基础。

2003年上半年，数十位IBM专家撤离华为。至此，经过五年的业务流程重整，华为基本建立起完整的端到端的业务流程，研发效率大大提高，节省了成本，为进入国际化奠定了基础。

任正非认为，华为需要始终保持谦虚的态度，向别人学习，并认真理解其深刻内涵。华为的发展需要每个员工都具备坚实的基本功和创新精神。

第六节

变革障碍

阻碍企业变革的障碍：路径依赖、利益格局或将成为阻碍企业变革的主要问题，如图2-4所示。

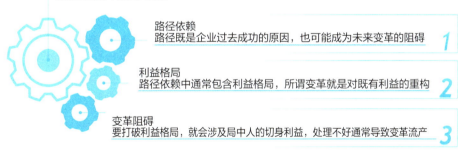

阻碍企业变革的三大障碍

路径依赖
路径既是企业过去成功的原因，也可能成为未来变革的阻碍 **1**

利益格局
路径依赖中通常包含利益格局，所谓变革就是对既有利益的重构 **2**

变革阻碍
要打破利益格局，就会涉及局中人的切身利益，处理不好通常导致变革流产 **3**

图2-4　阻碍企业变革的障碍

阻碍企业变革的最大障碍是企业在过去的成功中形成的路径依赖，路径依赖既是企业过去成功的原因，也可能成为企业变革的阻碍。

为什么？因为在路径依赖中有利益存在。

所谓变革就是对利益格局和权力格局的重构，要打破过去的利益格局，就会涉及人，涉及人的切身利益，这就是变革的难点所在。

针对这些变革障碍，企业需要采取一系列措施来克服。首先，加强变革的宣传和教育，提高员工对变革的认识和接受度。其次，建立完善的变革管理机制，确保变革的推进有序、高效。再次，加强内部沟通和协调，减少利益冲突和阻碍。最后，领导层需要发挥关键作用，以坚定的决心和有力的行动来引领和推动变革的顺利进行。

变革很痛苦，但不变革，连痛苦的机会都没有。

可以预见到，变革或将成为未来商界最典型的特点。

第七节

变革脉络

要进入世界一流企业行列，不仅要有一流的技术，还要有一流的管理。

对于国际化的管理规范，人们有一个适应的过程。为了防止变革过程走样，只有进行脱胎换骨的改革，革除管理体系中的弊端，才能真正实现职业化、国际化，达到业界最佳水平。

为了实现国际化，华为邀请世界名流献计献策。首先邀请美国 Hay 咨询公司香港分公司，帮助设计、指导实施人力资源管理制度，逐渐建立起以任职资格为基础、以绩效与薪酬体系为核心的现代人力资源管理制度。

华为请来毕马威公司（KPMG）和普华永道（PWC）帮忙设计财务体系，建立财务制度与账目统一、代码统一、流程统一、监控统一的制度。这为华为建立全球性的财务管理制度创造了条件。

1998 年下半年，华为电气启动"四统一"项目，脱下了"旧鞋"。1999 年，华为电气财务部部分改革，实施财务最优板块，取消手工记账凭证。最后，华为在制度流程监控编码等方面按照"美国新鞋"的要求进行了优化与统一。

华为邀请德国国家技术应用研究院的专家，帮忙设计华为的生产工艺和质量控制体系。

华为还邀请美国 MERCER 公司，帮忙设计以客户为导向的组织变革方案。通过这一方案，华为对内部管理架构进行调整。

经过五年的变革，华为逐步建立起国际先进的企业管理体系。这是华为在国际化道路上迈出的又一坚实的步伐。

现在，经过"脱胎换骨"的华为真正体验到了穿上"新鞋"的舒适。华为分布在全球各地的研发人员，可进行7×24小时全球同步研发和共享；办公或出差的员工，使用网上报销系统七天内完成费用结算和个人资金周转；财务管理实现了制度、流程、编码和表格的"四统一"，全球财务共享中心四天内完成财务信息收敛和结账；华为的客户、合作伙伴和员工，可以24小时自由安排网上学习和培训考试；通过"一卡通"系统，人力资源部可以每天对3万人实现精确到分钟的考核管理；ERP系统，端到端集成的供应链，灵活快速地响应市场变化；全球电视电话会议系统，大大增强了时效性；在现场为客户服务的工程师，随时可在网上调阅客户工程档案和相关的案例，在网上发起请求并能及时协调技术与服务。

要想发展必须目标高远，只停留在国内这个圈子里，只能小打小闹，但国际化的道路也异常艰难，国际巨头占领着全球的重要市场，要想分一杯羹过来，谈何容易？面对国际化的艰难道路，企业应勇于挑战，迎难而上，才能行稳致远。

第八节

持续变革

从任正非早期的一些文章可以看出，华为当时在研发上的弯路，主要体现在以下几个方面：一是研发人员只关注技术，过度追求创新而忽视了市场需求；二是研发人员没有共享资源的意识，导致了许多本可以直接拿来用的研发成果，也必须从头研发；三是企业对研发的验收标准不科学，使许多研发人员只对科研成果负责，而不对产品结果负责。

一、研发混乱似乎也是不可避免的

从组织结构看，当时的研发混乱似乎也是不可避免的。我们知道，组织结构应追随战略。企业的组织结构如果不能和战略匹配，就会影响战略的效果，甚至成为战略实施的绊脚石。1988—1995 年期间的华为就是如此。当时，华为的研发组织完全是职能型，分为中研、中试和生产三大部门。虽然创业期企业常常因为规模小、员工少而采取职能型组织结构，但对华为这种一开始就采取"大企业"战略的企业，职能型组织结构并不适合。可以说，职能型组织结构的弊端，在当时华为的研发部门得到了完全的体现，比如，部门间扯皮严重，设计人员不懂生产过程，大家不是围绕研发流程而是围绕部门工作等。

这种混乱的研发状况导致的后果，就是华为早期虽然每年投入巨资进行产品研发，但研发费用浪费的比例和产品上市的周期却是业界最佳的两倍以上。任正非对此深有感触。不过一开始，他并没有从制度及组织结构上去进行改善，而是从改变考核体系及研发人员的观念出发，提出了"从对科研成果负责转变为对产品负责""要做工程（科学）商人"的口号。

二、研发人员不能为创新而创新，而是为客户需求而创新

做"科学商人"，意味着研发人员不能为创新而创新，而是为客户需求而创新。对技术的偏执是研发人员的普遍现象，但从企业层面讲，企业搞研发的首要目的是做出适合客户需求的产品并形成良好的市场销售局面。因此，研发人员如果一味沉迷于技术创新而完全无视客户需求，其创新对于企业来说就是无效的，甚至是浪费的。实际上，对技术的偏执很容易让企业走上歧路。虽然说技术是商业的驱动力，但一味偏执于技术而忽视客户消费体验的企业，即使如摩托罗拉这种世界级巨头，也会因此而造成巨额损失，甚至失去其原有的市场竞争力。

自 2007 年始，摩托罗拉这家曾经世界上最为先进的手机公司，百年企

业，也陷入了节节败退的困境。2007 年它亏损了 12 亿美元，2008 年亏损达到 22 亿美元，到了 2009 年，情况进一步恶化，仅第一季度亏损就达到了 5.09 亿美元。

作为曾经是世界手机巨头的跨国公司，即使在中国这个用户人数最庞大的手机市场上，其市场份额也正在逐步被竞争对手蚕食：它不但败给了诺基亚、三星、索尼爱立信这些同级别竞争对手，面对中国本土手机企业，它也无力竞争。根据赛迪顾问统计，2009 年 5 月，诺基亚的市场份额为 31.9%，三星占据 19.5%，摩托罗拉继续下滑，降至 6.7%，国产品牌天语以 5.4% 的份额紧随其后。数据证明，摩托罗拉的市场优势正在继续减弱。

是什么原因导致了摩托罗拉的这种困境？正是对技术的偏执。虽然摩托罗拉曾经凭借技术领先为全球通信技术带来了一场又一场的革命，但是对技术的偏执也让它陷入了"自我约束"的境地。1999 年，它先后投资数十亿美元进行"铱星计划"，但由于一味追求技术领先而忽视了消费市场的实际需要，这一计划惨遭失败，数十亿美元化为乌有。在高端手机市场，它更是在曾经的明星产品 V3 的成功中沉醉太深，以至于推广后续新品的速度大大滞后于竞争对手，结果将大片高利润的高端手机市场拱手让给对手。

企业首先是一个经济体，而不是科研机构，所以它的第一目标是盈利。正因如此，企业的研发也往往不是"单纯的"，而是基于市场需求。忽视市场需求而一味沉迷于技术领先的企业，其最终结果总是被客户抛弃。因此，研发人员的责任不是去破解"哥德巴赫猜想"，而是对产品的市场成功负责。

三、评判创新成果的标准

华为评判创新成果的标准是"高技术、高质量、高效率、高效益"，这就把技术领先与市场效益结合了起来。而其强调的"从对科研成果负责转变为对产品负责"，更是站在了商业的角度来看待技术创新。这是企业经营者必须具备的创新理念。一个企业的创新应该更多地对企业的绩效产生贡献。

这种对创新认识上的不断强调，证明了华为虽然重视技术，但更明白企业经营的盈利目的。同时，不断的强调也证明了当时的华为在研发创新上仍存在许多不尽如人意的地方。

四、从对科研成果负责转变为对产品负责

事实上，"从对科研成果负责转变为对产品负责"理念的提出，得益于两件事情。第一件事情，是华为在建龙岗基地的时候，得知外国设计院的设计费虽然较贵，但他们对工程负责，也就是对工程的结果负责，而国内的设计院只对图纸负责。华为的研发人员以前正是因为只重视对科研成果负责而缺少对产品负责才造成了不少问题。第二件事情，是后来任正非到 IBM 等公司去考察，发现 IBM 这类公司的产品经理也是深入到产品过程的每个环节中去，全程对产品负责。两件事情让华为看到了在研发上的认识偏差，这才提出了"对产品负责"的研发理念。

为了使研发人员真正意识到"对产品负责"的重要性，华为曾经决定将库房里的呆滞物料打成包发给研发人员做奖品，将用户中心的飞机票也打成包发给中研人员做奖品。希望用这种方式让研发人员意识到公司在研发上的浪费有多大。华为要求，哪里的客户有意见，意见最大，研发人员就要到哪里去。

五、低成本战略

华为的研发成本巨大，很大程度上是因为浪费太多，于是提出了低成本战略。

然而，仅靠会议强调，华为仍然无法解决研发部门之间协作不良、互相扯皮这种由组织结构的弊端带来的深层矛盾。为此，从 1995 年到 2000 年左右，华为的研发组织开始由职能式向弱矩阵式过渡。在这一阶段，华为的研发职能组织结构虽然变化不大，仍分为中研、中试和生产三大部门，但它开始采取项目管理的形式，建立了企业标准、CBB（共通性建构基础）和基本开发过程，并进行了相关流程重组。研发流程的后续部门也为研发设计制定出了许多规范、标准、核检表等。同时，研发开始有简单的数据管理、版本管理、更改管理和质量管理等。虽然一切都还不成熟，但这种组织结构模式的转变，已经开始使华为的产品开发质量有了很大提高。

为了使研发人员不脱离市场，华为还硬性规定，每年必须有 5% 的研发人员转做市场，同时要有一定比例的市场人员转做研发。这么做的目的，就是

要避免研发人员只追求技术而忽视市场的现象。这么做加强了研发人员的市场意识，同时也引出了一个新的争论：企业的研发应该面向市场还是面向未来？对此，华为管理者认为，面向客户是基础，面向未来是方向。华为的许多十分艰难的研究、设计、中试都做得十分漂亮，而一些基本的简单业务的问题，长期得不到解决，这就是缺乏市场意识的表现。没有市场就没有未来，所以，面向客户和面向未来是一点两面，应该兼顾。

六、进一步建立成熟的研发组织模式

为了进一步建立成熟的研发组织模式，从 2000 年开始，华为的研发组织开始从弱矩阵式向强矩阵式项目研发组织模式过渡。这一次，华为研发的职能组织结构有了明显变化，不仅打破了原部门设置，建立了企业管理平台、技术平台和运作支持平台三大类部门，还建立了许多跨部门矩阵组织，实行了全面的项目管理。同时，华为还建立了企业知识库，使企业资源有规划地引入，并建立起基本的企业标准及更加合理的流程体系。从此时起，华为才有了良好的项目管理环境，真正实现了企业范围内跨部门协作。这为提高华为产品在全球市场的竞争力打下了良好的基础。

第三章
战略管理
端到端战略管理体系，从胜利走向胜利

如何让企业在发展过程中，时刻能够看到产业的机会，并能够抓住机会，最后能够达到自己的战略目标？

第一条是保证战略方向是大致正确的；第二条其实更重要，就是组织充满活力，保障了战略正确的时候能够让战略落地，战略不正确的时候还能把战略修正回来。

第一节

企业 DSTE 战略管理体系

一片地长期没人管，就会杂草丛生；一个组织长期没人管，也会各自为政，变得很混乱。我们所谓的办公室政治、内耗，就是因为每个人都在各自玩着自己的小游戏，于是就出现了混乱和无序。而管理恰恰是对抗自然，是一套由无序走向有序的过程。如果规定一块地只能种玉米，其他杂草统统都要被除掉。

当今是一个机会很多但成功概率很小的时代，人人都充满了自主性，又都充满了焦虑。在这个时候，选择就变得很重要。而战略就是在无序中指明一个方向，让所有人能够朝着同一个方向走，能够帮助企业选择高价值的区域，并持续做出正确的选择。

什么是战略呢？

战略就是实现企业愿景和使命的谋划，是基于全局和未来做出有限资源下的取舍，动态地寻找自身的定位。战略管理就是为了实现战略目标，一个以终为始的过程，所以它也是一个向死而生的过程。

战略就是能力要与目标匹配。华为等企业采取 DSTE 战略管理体系，以下作详细解析。

DSTE 战略管理体系中的每个字母分别代表以下意义：

D：Division，代表部门。

S：Section，代表部门内的各个组。

T：Team，代表组内的各个小组。

E：Employee，代表小组内的每个员工。

这个体系将整个公司划分为不同的部门、部门内的各个组、组内的各个小组以及小组内的每个员工。这种管理体系可以实现部门之间的协同工作，保证资源的合理分配和最佳利用。

另外，DSTE 也可以理解为 "Develop Strategy to Execute" 的缩写，即从战略到执行。这是一个制定战略规划、制定年度经营计划、执行并监控评估的统一流程框架和管理体系。这个流程包括战略设计、战略展开、战略执行与监控、战略评估等步骤，最终形成企业的战略与运营流，同时它也是企业的领导价值流。

DSTE 帮助企业解决几个核心问题：能够通过外部环境分析并结合自身优势创新，制定公司/事业部/分公司的战略；掌握 BLM（业务领先模型）的核心方法论及其应用场景及战略制定的关键流程和方法；学会用战略地图来解码企业战略目标；懂得如何将战略焦点工作落实为行动方案，由行动方案转换为 KPI 指标。

DSTE（从战略到执行）体系是端到端的战略管理流程体系，是企业的领导价值流，管理体系的集成是通过战略管理流程来实现的。打一个比喻，IPD实现了各功能部门在产品开发上的集成与协同，则 DSTE 是管理的 IPD 流程，对各功能部门（产品线、地区部、战略部、HR 部、财经部、质量部等）的管理实现了有机的集成与协同，同时，DSTE 端到端战略管理流程就是组织的绩效管理流程。

DSTE 流程框架有四大阶段：战略制定、战略解码、战略执行与监控、战略评估，也可以分别称为战略规划（中长期发展计划）、年度业务计划与预算、BP 执行与监控闭环、业绩与管理体系评估，如图 3-1 所示。

其中，战略规划发现战略机会点和识别市场价值转移趋势。年度业务计划与预算确保全员 "力出一孔" "利出一孔" 目标聚焦，战略解码质量决定战略执行质量。BP 执行与监控闭环要 "做得到"，重在落地结果，以结果为导向，战略执行质量决定战略成败。业绩与管理体系评估须敏捷迭代、反思改进，并且重视管理体系的评估和建设。

一、战略制定

在战略制定过程中，应注重发现战略机会、识别市场价值转移趋势，并设计战略实现的关键路径。

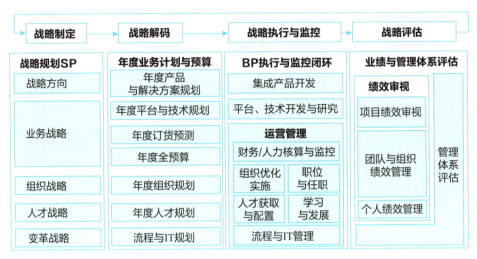

图 3-1　DSTE 流程框架的四大阶段

第一，发现战略机会。深入分析产业环境、市场环境和政策环境，通过市场调研、竞争分析等手段，发现潜在的战略机会。同时，关注新技术、新应用和新业务模式的发展趋势，以捕捉未来的增长机会。

第二，识别市场价值转移趋势。注重对市场需求的深入理解，通过客户访谈、市场调研等方式，识别市场价值转移的趋势。这有助于企业把握市场变化，及时调整战略方向，确保产品和服务始终与市场需求保持同步。

第三，设计战略实现的关键路径。在识别战略机会和市场价值转移趋势的基础上，进一步设计战略实现的关键路径。这包括确定核心竞争力、构建业务模式、优化组织架构、提升创新能力等方面。通过设计合理的关键路径，企业能够确保战略目标的实现具有可行性和可操作性。

二、战略解码

KPI 是 Key Performance Indicator 的缩写，即"关键绩效指标"，是衡量一系列工作成效的重要指标。管理学家杜拉克说，KPI 是引导组织方向的"仪表盘"。

KPI 在不同的岗位有不同的要求。例如，销售要看销售收入、客户拜访次数；人力资源部门看关键岗位到岗率、平均招聘时间；零售行业要看坪效、人均销售额等。除了工作，生活中的 KPI 无处不在，比如，每月接孩子上下学次数、洗碗次数等，也可以看成 KPI。

关于 KPI，我们需要把握住三个方面的关键内容：KPI 是目标管理的重要工具；KPI 是关键绩效指标，源于战略解码与目标分解；KPI 与绩效激励紧密挂钩。

KPI 指标及目标来源是战略解码：上下对齐、目标承诺、层层落实、考核闭环，如图 3-2 所示。

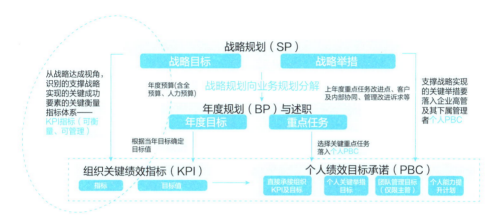

图 3-2　KPI 指标及目标来源

在 DSTE 的流程里面做战略规划的时候，有一次战略解码；在做年度经营计划的时候，也有一次年度的解码。

战略规划一般是三到五年，会解码出三到五年的战略目标和战略举措。在年底的时候提出下一年度的目标和重点工作。

所以，图 3-2 左下方的组织绩效是纯 KPI 考核，承接的也是战略规划里面的战略目标。右下角的部分是个人 PBC，也就是个人绩效承诺。个人考核主要承接的是战略举措和重点任务。

战略解码的核心在于将战略转化为具体的行动计划和目标，使每个员工都能明确自己的职责和任务，并朝着共同的目标努力。通过战略解码，企业能够确保战略与业务活动紧密衔接，实现战略与执行的有机统一。

此外，战略解码还注重与绩效管理的结合。通过战略解码，企业可以清晰地确定部门考核和员工个人考核的指标，使绩效管理以战略目标为导向，助力企业战略的有效实施。

战略解码（BEM）的核心内容，如图 3-3 所示。

图 3-3　战略解码（BEM）的核心内容

战略解码过程是企业实现财务成功和商业成功的关键所在。通过深入理解和执行战略解码，企业能够将宏观的战略规划转化为具体的业务目标和行动计划，进而实现财务和商业的双重成功。

三、战略执行与监控

企业在战略执行与监控方面，需要展现极高的专业性和严谨性，以确保战略的有效落地，并以结果为导向，不断推动企业的发展。

企业的组织变革、流程变革要支持我们的战略。变革应使到达目标更简单，更快捷，更安全。

为了确保战略落地，坚持以结果为导向，可以使用 OGSMT 工具，如图 3-4 所示。

使用 OGSMT 工具意味着企业在战略执行过程中，不仅关注过程和方法，更加注重实际成果和效果。企业通过设定明确的目标和指标，对战略执行结果进行量化和评估，从而确保战略目标的实现。同时，企业还注重结果的反馈和应用，将执行结果作为战略调整和优化的重要依据，不断完善和提升战略管理水平。

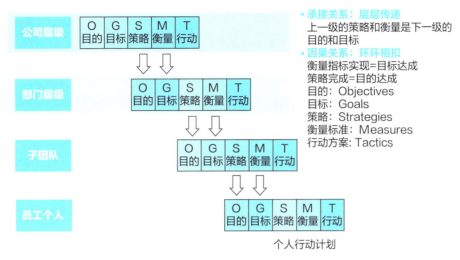

图 3-4　战略解码 OGSMT 工具

四、战略评估

企业在战略评估过程中，应注重反思差距和敏捷改进。通过深入分析自身与市场和竞争对手的差距，企业能够识别出战略执行中的问题和挑战，从而制定出有效的改进措施，不断提升自身的竞争力。

战略评估包含三部分内容：厘清战略、抓住关键成功要素、呈现重点工作。

首先是厘清战略，需明确企业的长期发展目标与短期行动计划之间的逻辑关系，确保战略既具前瞻性又具可操作性，全面审视外部环境与内部资源，为战略调整提供依据。

其次是抓住关键成功要素。这要求企业识别并聚焦于那些对实现战略目标具有决定性影响的因素，如技术创新、客户关系管理、成本控制或品牌影响力等。通过深入分析，确定哪些领域需要加大投入，哪些环节需优化以提升竞争力。

最后是呈现重点工作，将战略转化为实际行动的关键步骤。企业应制定清晰、具体的工作计划，明确各部门、各岗位的职责与目标。确保重点工作得到有效执行，推动战略目标的实现。

第二节

业务领导力模式（BLM）

关于战略问题，企业无非会遇到以下两种情况：第一，战略制定问题。比如，战略是老板一个人制定的，没有通过组织或系统地研讨就得出结果。第二，战略执行问题。战略制定出来了，但是不能得到有效执行，很多战略目标无法落地。

我们制定战略是以竞争定位为核心，对经营活动进行取舍，建立符合本企业的独特的适配。简单地说，战略是一种选择，是对有限资源的取舍。

如何使企业在作出战略规划时更加科学有效呢？华为选择了引入 BLM 模型。

那么，到底什么是 BLM 模型呢？

一、什么是 BLM 模型

BLM（Business Leadership Model），又叫"业务领导力模型"，是一套完整的战略规划方法论。

BLM 模型是企业从战略到执行的核心方法论。这套方法论是 IBM 在 2003 年的时候，和美国某商学院一起研发的。后来，这个方法论成为 IBM 公司从公司层面到各个业务部门共同使用的统一的战略规划方法。

战略不能描述就不能管理，不能管理就不能实现。BLM 模型就是一款可以帮助管理者更好地管理企业，作出战略规划的工具。

BLM 认为企业战略的制定和执行包含八个相互影响、相互作用的方面：市场洞察、战略意图、创新焦点、业务设计、氛围与文化、关键任务、人才及正式组织等，如图 3-5 所示。

2006 年从 IBM 引入华为时，BLM 还只是销服体系用来提升中高层管理者领导力的一个模型；只有到了研发体系，将它与 IPD（集成产品开发）体系

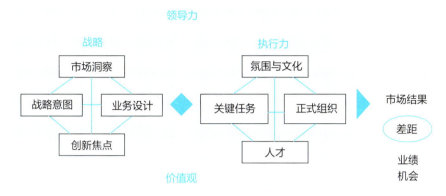

图 3-5　BLM 战略的制定和执行

中的 MM（Marketing Manage 市场管理）工具相结合，才形成了华为的业务战略规划工具。

二、企业的执行差距来自哪里？

一家企业的战略制定与执行出现落差往往来自两个差距。

一是业绩差距。通俗地说，就是自己和自己比。考核指标中最核心的是经营单元指标，比如销售订货收入、销售毛利率、贡献利润率、销售总费用率、回款金额等，这些没有完成的点就是业绩差距。

例如，当新客户获取很少、存货率低时，这种情况下可以从业绩差距着手进行分析，逐级细分，找到根本原因，并据此提出改进建议。

二是机会差距。通俗地说，就是你和大盘比，比大盘走得慢，比竞争对手走得慢。比如，行业大盘今年总体增长了 100%，对手也增长了 100%，但是你的企业只完成了 80% 的增长，你就需要去寻找差距产生的原因。

可以说，战略正是源于对现状的不满，源于对现实业绩和期望业绩之间的差距，想要去改变这种现状。

企业要想在微观中有所作为，就要通过不断变革，加强管理，提升核心竞争力，超越竞争对手。

无论宏观环境如何变化，只要有明确的客户和需求，能够为客户提供高效、优质、低成本的解决方案，同时做到安全运营，就能够让企业成为一家具有长久生命力的公司。

在两大差距方面进行总结后，我们就通过 BLM 八大模块进行战略执行升级。

三、解析 BLM 的八大模块

（一）战略意图

每一个好的战略规划，都起始于好的战略意图的陈述和战略目标的表达。而明确战略意图是战略思考的起点。

战略意图回答的是"我们要去哪儿"的问题，是战略试图实现的愿景及目标，要清晰地指出后续战略活动的大致方向和路径，可以由使命愿景和目标来构成，而目标又可以分为宏观战略目标和近期目标两种。

战略意图要确保组织机构的方向和最终目标，需要与企业的战略重点相一致。

企业战略有四个方面：

第一，为客户服务是企业存在的唯一理由，客户需求是企业发展的原动力。

第二，质量好、服务好、运作成本低，提升客户竞争力和盈利能力。

第三，持续管理变革，实现高效的流程化运作，确保端到端的优质交付。

第四，与合作伙伴共同创造良好的生存空间，共享价值链的利益。

（二）市场洞察

对市场的洞察力决定了企业战略思考的深度。市场洞察，要在以下几个方面进行，不仅了解现状，还要努力预见未来的发展趋势。

第一，看行业/趋势：宏观分析；

第二，看竞争：竞争动向；

第三，看市场/客户：客户分析；

第四，看机会：技术发展；

第五，看自己：看自身能力。

进行市场洞察的目的是什么？其实是为了清晰地知道未来的机遇和企业可能碰到的挑战和风险，要理解和解释市场上正在发生什么，以及这些发生对公司来说意味着什么。市场洞察力的缺失会对业务设计产生负面影响，因为我们所采用的支撑信息和假设，可能是有瑕疵或者错误的。

（三）创新焦点

把创新作为战略思考的焦点，其目的是捕获更多的思路和经验。好的创新体系是企业与市场进行的同步探索和实验，而不是独立于市场之外的闭门造车。

创新焦点是指如何在一个战略设计里，运用创新的方法捕捉更多创新的思路，在新的战略设计中，为企业的竞争力和差异化商业模式带来新的增长点。

在做创新焦点思考的时候，以下几个角度有助于厘清思路，找到创新的方向：进行与市场同步的探索与试验；从广泛的资源中过滤想法；通过试点和深入市场的实验探索新想法；谨慎地进行投资和处理资源，以应对行业的变化。

所以创新焦点最终解决的依旧是为客户、为市场创造价值的问题，其最终目标还是要使企业产生持续的竞争优势，从市场和客户那里获得持续的价值。

（四）业务设计

战略思考要归结到业务设计中。即要判断如何利用企业内部现有的资源，创造可持续的战略控制点。

通常一个好的业务设计，能回答两个基本的问题：新的业务设计能否建立在现有能力基础上？如果不完全能，又能否获得所需要的新能力呢？

一个好的业务设计要包含六个方面的要素，包括选择客户、价值主张、价值获取、业务范围、价值持续增值点和风险控制。这六个要素看似普通，实则包含了业务设计方面堪称最佳实践的一些思考和做法。

同时，应以对外部的深入理解为基础，着眼于更好地利用内部能力和战略控制点，探索可替代的业务设计。

（五）关键任务

关键任务统领执行的细节，是连接战略与执行的轴线点。关键任务给出了执行的关键任务事项和时间节点，并且对企业的流程改造、流程重建提出了具体的要求。

在关键任务中，需要考虑以下几点重要的内容：哪些行动是用来支持业务设计，尤其是价值主张实现的？应该考虑哪些事项？将运营流程的设计和关键流程的改造包含在内了吗？

关键任务是连接战略和执行的轴线点，是执行的其他部分的基础，应该设计一些年度的或按季度的跟踪和衡量指标，以便于跟踪检查，后期复盘。

（六）正式组织

正式组织是执行的保障。在开展新业务的时候，一定要舍得投入人力和资源。同时要建立相应的制度流程。否则执行的结果往往会大打折扣。

正式组织指的是为了确保关键任务和流程能够有效地推进和执行，建立的相应组织架构、管理制度、管理系统以及考核标准。其中包括人员单位的大小和角色，管理与考评，奖励与激励系统，职业规划，人员和活动的物理位置。

（七）人才

当组织确定之后我们要考虑的自然就是组织内的人才了。人才要有相应的素质能力去完成战略的执行。

要考虑的与人才相关的事项通常包含：详细定义人才的需求，包括技能的描述、技能级别的分布、技能级别的比例以及数量等；计划如何获得人才；如何培养人才；如何激励人才；如何留存人才。

从能力素质、技能、成就动机、敬业度等方面寻找合适的人才，发展人才资源队伍，注重人才资源储备，明确人员的职业规划、技能要求，建立合适的奖励和激励系统、绩效考核系统。

企业骨干选拔看四力：决断力、执行力、理解力、与人连接力。合起来概括成为"骨干四力"，是对骨干核心能力的期望和要求，指导骨干未来获取可持续的成功，如表 3-1 所示。

表 3-1 "骨干四力"

"骨干四力"	要求
决断力	战略思维：洞察市场、商业和技术规律，善于抓住主要矛盾及矛盾主要方面； 战略风险承担：在风险可控范围内，抓住机会勇于开拓，敢于决策和承担责任
执行力	目标结果导向：有强烈的目标感，有计划、有策略、有监控，在问题和障碍面前不放弃，不断挑战并超越自我，在资源和时间约束下，出色地完成工作任务； 组织发展：组织运作、能力建设与持续改进，通过流程建设（一致性）、方法建设（有效性）和资源建设（人、平台），构建可持续性，将能力建设在组织上； 激励与发展团队：激励团队斗志，能够帮助他人成长，对人才充满热情； 跨部门协作：跨部门协作、协调与推动

续表

"骨干四力"	要求
理解力	商业敏感/技术理解：对商业敏感，理解业务的本质，洞悉业务的技术； 跨文化融合：理解文化，认识和尊重文化差异，积极融合不同文化，求同存异，让不同文化背景的人成为同路人； 横向思维：理解环境，有横向思维
与人连接力	开放性：人际连接方面，具有开放性，磊落光明； 建立客户伙伴关系：善于与客户打成一片，始终保持谦虚的态度，积极探索、及时响应、牵引、满足客户与伙伴的需求，建立基于信任的双赢关系； 妥协、灰度：避免"非黑即白"，出现问题时，在对方向和原则的认识下，顾全大局合理退让，寻求在迂回中的前进

人才不是企业的核心竞争力，对人才进行管理的能力才是企业的核心竞争力。企业管理者最重要的工作就是选人用人、分钱分权。把人才用好了，把骨干管好了，把钱和权分好了，很多管理问题就都解决了。

（八）氛围与文化

在知识密集型经济时代，大多数成功转型的企业，最终都逐渐形成了开放、授权、共享的氛围和文化。

组织氛围与文化是战略执行成功的软支持要素。支持战略的组织文化倡导战略一致性、行为一致性、对内包容性、对外开放性。

氛围是指与企业战略执行相关的管理氛围，文化是员工默认的行为准则，这和企业价值观有很大的关系。企业的氛围往往和领导者的管理与领导风格有关，常见的有四种：

第一，强制式：要求绝对服从。

第二，身先士卒式：你不行，我来干给你看。

第三，教练式：启发和引导团队成员。

第四，授权式：放手让下面的人去发挥。

管理风格没有绝对的对错，领导者要在不同的组织、不同的时间，针对不同的战略目标，进行管理风格的调整。

不过，越来越多的员工喜欢教练式和授权式的领导，而大多成功转型的企业最终都逐渐形成了这种开放、授权、共享的氛围和文化。

四、DSTE 与 BLM 的区别

DSTE（从战略到执行）是企业的战略规划、年度业务计划与预算、BP 执行与监控评估的统一流程框架和管理体系。它打通了公司及各业务单元的中长期战略目标与年度计划资源预算和滚动计划，确保各业务单元协调一致，解决企业在战略规划、年度业务计划和企业经营管理"两张皮"的问题。DSTE 侧重于战略运营的方法论，关注如何把握市场机会，集结公司资源，制定战略规划（SP）和年度业务计划（BP），并强调管理执行和监控目标达成的动态管理过程。

而 BLM（Business Leadership Model）是一个曾经运用于 IBM 公司中高层的战略制定与执行的方法，也被华为等企业所采纳。它实质上是一种战略规划和执行的工具，帮助企业中高层管理者在企业战略规划制定与执行的过程中，通过整体的思考、周密的步骤、详尽务实的分析，实现企业内外部资源的有效配置，并切实执行目标，及时跟踪反馈结果，从而提升组织的业务价值。BLM 侧重于系统的战略管理横截面的观察和分析，从差距出发，进行执行差距和机会差距的分析，并对战略子模块进行研讨，有助于决策者或管理者为企业战略管理找到短板和发挥自身优势。

总体来说，DSTE 和 BLM 各有侧重。DSTE 更注重战略到执行的整个流程框架和管理体系，确保战略的有效落地和执行；而 BLM 则更侧重于战略规划和执行过程中的分析和研讨，帮助企业找到战略差距和优势，并制定相应的战略措施。两者都是华为等企业在战略规划和执行过程中的重要工具和方法，但应用范围和侧重点有所不同。

第三节

战略规划编写框架模型

你想爬一座高峰，有两种爬的方式，一种是沿着路口就往上去，别人怎么爬，你就怎么爬。是不是有很多民营老板就是这么干的？你要创业了，周围的三个朋友跟你讲这个生意可以，"你看我们可以开个肉夹馍店"，后来你就去开了。

还有另一种方式，你要爬高峰，不是先找路口，而是坐着飞机先升到万米高空，可能花很长的时间把路线都画下来，分析哪个是最快的路径，再沿着最快的路径往上走。

实际上也确实是这样的，真正成功的一定是第二类人，绝对不是第一类，第一类成功靠的是运气。很多老板过去靠运气赚的钱，这两年都因实力不足而亏进去了，是有原因的。

看完地图再走路，最有代表性的人物就是诸葛亮。

在三国时代，刘备三顾茅庐拜见诸葛亮，终于见到后就问诸葛亮："接下来咱们这个事儿怎么做？"结果诸葛亮就说了，一取荆州，二攻益州，三待天下有变，图谋中原，这就是典型的隆中对里面的三步走战略。

具有全局思维的人，能看到事情的全貌和全局，看到背后驱动的点在哪里。如果你看不到，就像盲人摸象一样，失败了而不自知。

华为在2005年正式引进了战略管理框架，即具有全局思维的"五看三定"模型，以客户为中心，以目标为导向。真正意义上的"五看三定"模型其实是一套、一系列的战略工具，如图3-6所示。

图3-6　战略规划与"五看三定"模型

下面我们就来详细说一下"五看、三定"。

一、"五看"

(一) 看行业/趋势：利用一个人的商业意识与行业视角思维看行情

分析行业的发展动态、竞争格局和未来趋势，了解行业的增长潜力、风险点和机会点。这有助于企业把握市场脉搏，为战略规划提供宏观背景。

例如，中国电脑产业转移路线示意图，如图3-7所示。

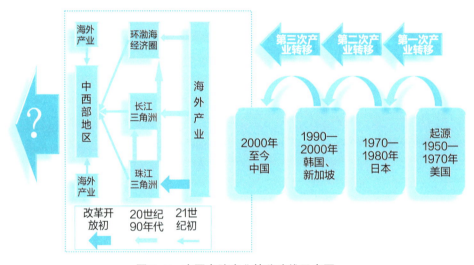

图3-7　中国电脑产业转移路线示意图

如果一个市场总空间只有100亿元，那么不是很建议企业进入，因为其成本很高，体量很大，进去不足以覆盖它的一些成本，所以不划算。

一定要认真地看行业市场，具备视野格局。这是人家能赚大钱的原因，看得足够广，也看得足够远。看行业间的界限，是不是可以跨界竞争，或者跨行颠覆。还要研究资本周期，借资本潮起潮落，顺势而为。更要看政策法规变化，避免错判形势，找错风口。

(二) 看市场/客户：要区分掏钱买产品的用户和影响掏钱买产品的用户

看客户偏好的变化。比如，客户分类，"80后""90后""00后"等，因为不同年代的人有不同的偏好，跟成长环境有关。

理解客户需求＝理解客户的场景＝理解客户的心理诉求。

深度理解客户是所有业务活动的原点，如图 3-8 所示。

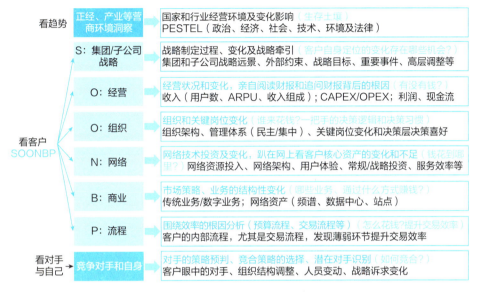

图 3-8　如何深度理解客户

谁是客户，谁是对手，这个问题是商业的基本问题，很多人经常在非客户层面消耗自己的精力，把精力消耗在自己的友商身上，或者是很多非直接竞争的区域，结果导致没有把重点放在服务客户上。

你得知道自己的客户是谁。通过深入了解客户，企业可以更有针对性地制定产品或服务策略，更有效地进行市场推广，从而提高客户满意度和忠诚度，最终实现业务增长和盈利。

（三）看竞争：和你服务于同样的目标客户，提供类似价值且有能力抗衡的对手

在看待竞争时，确实需要关注那些与你服务于同样的目标客户、提供类似价值且有能力抗衡的竞争对手。这样的竞争对手往往会对你的业务产生直接的影响，因此了解他们并制定相应的竞争策略至关重要，如图 3-9 所示。

竞争对手分析要从场景谈起，形成竞争关系，不要试图跟所有人为敌。

图 3-9　战略规划如何看竞争对手

任正非说："部分领域我们已进入无人区了，但我们不要定低价，如果使用低价手段，华为公司就是垄断，我们就很危险。这种方式使我们摆脱了很多纠缠，我们不影响别人的利益范围，商业生态环境就会改善。这两年大家看到成效了吧？产品好卖，然后赚钱又多。"

（四）看自己：比较熟悉的

看自己有三个关键点。第一，我的产品还可以服务哪些行业？比如，一家做温度计的，最开始是对 C 端客户卖，后来直接应用到了工业领域，这是完全开辟了一个新的战场。

第二，我还可以服务客户的哪些需求？比如，复星药业在讲健康快乐、富足、平安，把客户的整个生命周期全部服务到位。很多人都在尝试做这些事情，服务客户尽可能多的需求。

第三，我的能力还可以在哪些地方应用？比如，我有开连锁店的能力，我是不是可以除了开这家店，还可以开别的店？

看自己，就是你要提炼自己的关键能力。提炼要从产品出发，从客户出发，从能力出发，我们称之为"三出发"。评估企业的内部资源、能力和组织结构，了解自身的优势和短板。这有助于企业制定符合自身条件的战略规划，并确定未来发展的重点领域。

（五）看机会：看技术发展

关注新兴技术、创新应用和行业动态，分析技术对企业业务的影响和潜在机会。这有助于企业把握技术趋势，为战略规划提供技术支持和创新动力。

二、"三定"

（一）定战略控制点

战略控制点是指企业保护业务设计的利润来源的特别控制点，是企业核心竞争力所在。

战略控制点可以让业务设计的盈利具有可持续性；可以保护企业的利润来源，避免受强大的客户影响力波动，避免受竞争者模仿的影响。

（二）定目标

基于"五看"的结果，设定明确、可衡量的战略目标。这些目标应该包括市场份额、销售额、利润率等关键指标，并与企业愿景和使命保持一致。

定目标有两个关键点。第一，目标要设置两个：一个是达标目标，是企业自上而下决定的，达标目标完成，奖金就可以拿到；另一个是挑战目标，是自下而上的，鼓励大家往高处走，求其上得其中，求其中得其下，牵引着你多劳多得。

第二，战略目标不等于业绩指标实现，战略目标不仅仅包含业绩指标，还要能全面支撑战略定位。

（三）定策略

制定实现目标的具体策略，包括产品策略、市场策略、组织策略等。这些策略应该针对"五看"中识别出的机会点和挑战，确保战略规划的有效性和针对性。

定策略：让营销、产品、竞争和能力等策略符合各自的情况。

如果是面向全国销售，每个省份的机会点和挑战是不一样的，所以政策不能"一刀切"，如果"一刀切"会导致公司一下子很多资源跟不上，要确保你的策略有有效性和针对性。

"五看"看完了之后，针对市场环节、宏观行业战略、客户竞争进行分析，结合自身能力，对业务进行识别，定目标和策略。

战略管理流程（DSTE）架构全景下，从 VDBD 演化成"五看、三定"模型，如图 3-10 所示。

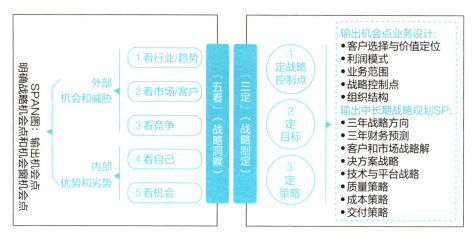

图 3-10 战略管理流程（DSTE）架构全景

第四章
经营管理
企业的核心竞争力，来自它的核心价值观

随着现代企业的发展，管理的地位越来越重要。管理就像放风筝：线粗了，风筝飞不起来；线细了，风筝又容易挣断。因此，管理需要艺术。拿破仑说："一只绵羊率领的一群狮子，打不过一只狮子率领的一群绵羊。"任何管理都打上了管理者的烙印。创始人是企业的"舵手"，以独特的个人魅力，驾驶着企业这艘庞大的"轮船"在茫茫无边的大海上航行。

第一节

企业经营从 1.0 到 2.0

一、企业经营 1.0

用"老式火车只能跑 80 公里/小时"来形容企业经营 1.0，是指企业在经营模式、效率、创新能力等方面相对滞后，未能跟上时代的步伐。在这里，"老式火车"指的是传统的、过时的经营模式，而"80 公里/小时"的速度则象征着较慢的发展速度和较低的效率。创业企业一开始发展得比较慢，甚至只要活下去就算成功。

然而，活下去不是企业经营的唯一目的，企业经营需要不断升级和进化，从"企业经营 1.0"向"企业经营 2.0"等更高层次发展。这包括引入先进的技术和管理理念，优化业务流程，提升员工素质，加强品牌建设等多个方面。只有这样，企业才能在激烈的市场竞争中立于不败之地。

二、企业经营 2.0

企业经营 2.0，就如同高铁一样，之所以能够如疾风般飞驰，达到 300 公里/小时的速度，背后有着多方面的原因。

首先，高铁的设计和制造技术代表了现代工程技术的巅峰。这种先进性不仅体现在其坚固的车体结构和轻质材料的应用上，还体现在其动力系统和空气动力学设计的完美融合上。企业经营 2.0 亦是如此，它代表了企业管理的最新理念和模式。企业不断引进先进的管理技术和工具，如同高铁的动力系统，为企业提供强大的推动力；同时，优化组织架构和流程，减少内耗，提升效率，就如同高铁的空气动力学设计，让企业在市场竞争中更加流畅地前行。

目光短浅的企业，通常以赚钱为目标，它们缺乏做大的内在动力。只有那些理念正确、目标远大且孜孜以求的企业，才有机会不断发展壮大、基业长青。

事实上，目光长远的企业之所以能够做大，不仅仅因为它们有做大的驱动力，还因为它们具有系统思维，能够预测行业的未来发展趋势，并未雨绸缪地采取应对策略。

标杆企业之所以能够快速发展，获得成功，既在于其持续的研发投入和创新实践，也在于其对市场需求和行业趋势的敏锐洞察。

在科技创新方面投入巨大。企业坚持自主研发，在通信、智能终端、云计算等领域取得了多项重要技术突破。不仅在 5G 技术方面取得了领先地位，还在人工智能、物联网等前沿领域进行了深入研究和探索。这些技术的突破和应用，为其产品和服务提供了强大的支撑，也推动了整个行业的进步。

具备敏锐的市场洞察能力。企业紧密关注市场需求和行业趋势，及时调整战略和业务布局。例如，随着数字化转型的加速推进，积极拥抱变革，加强在云计算、大数据、人工智能等领域的布局，为客户提供更加全面和高效的解决方案。

注重与全球合作伙伴的协同创新。通过与全球顶尖的科研机构、高校和企业合作，企业能够共享创新资源，加速技术研发和成果转化。这种合作模式不仅提升了企业自身的创新能力，也推动了全球科技产业的进步。

第二节

正三角和倒三角管理法

中国企业脱胎于计划经济时代，企业组织管理模式沿袭职能式管理。在这种传统的金字塔式管理模式下，企业习惯于高层领导在上面指挥，员工在下面接受指挥做事。

由于创业企业规模小、业务单元少、层次浅，高层管理者就是企业最大的销售人员，是最资深的市场分析人员，也是最厉害的项目经理，高高在上负责指挥是可以的，下面员工被动听话做事也是可以的。但随着企业规模的壮大、随着市场经济的发达，这种管理模式已经越来越不适合了。

也就是说，传统的组织管理模式是职能型，是正三角管理，简单地说就是金字塔型管理模式。最高领导在上面，然后是中层管理，一层层地下来，基层员工在最下面。

现在，为了适应外部环境，要把这个组织结构倒过来，变成一个倒三角。基层的一线员工在最上面，然后下面是一层层的领导，如图4-1所示。

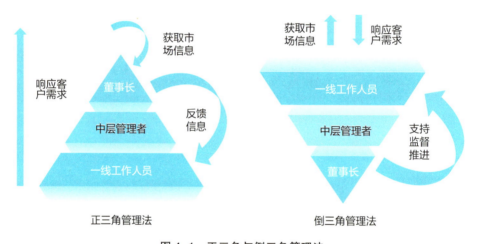

图4-1　正三角与倒三角管理法

所谓"倒三角"就是将管理决策前移，移到一线去。基层员工是最了解情况的人，他们最有权做出决策。而总裁也改变了身份，不是指挥者而是监督者和服务者，通过建立各项规章制度、明确总体目标情况，向前线提供资源与服务支持。

任正非说，我们过去的组织和运作机制是"推"的机制，现在我们要将其逐步转换到"拉"的机制上去，或者说，是"推""拉"结合、以"拉"为主的机制。推的时候，是决策者的强大发动机在推，一些无用的流程、不出功的岗位，是看不清的。拉的时候，看到哪一根绳子不受力，就将它剪去，连在这根绳子上的部门及人员，一并减去，组织效率就会有较大的提高。

因为前线的人员经常和客户打交道，他们深知客户的需求，由前线人员向公司总部传递工作的方向，公司的职能管理部门、领导团队，要服务于这些指令信息。对客户的需求的决策要前移，加快对市场的反应速度。

IPD（集成产品开发）提倡以市场为导向开发新产品，客户的需求、市场的信息是企业行动的源泉。

在IPD体系中，设置了跨部门、跨体系的产品管理团队，采用重度矩阵式的组织结构，打破了传统的职能式管理模式。

公司在1998年请IBM进行IPD的变革管理项目后很快对组织结构进行了调整，变成了矩阵型组织结构。随后，这种矩阵型的组织结构也扩展到分权制、事业部式的组织结构中，横向是各事业部，纵向是集团下属的职能部门。以下是一个典型的基于IPD为主的重度矩阵型的组织结构形态，如图4-2所示。

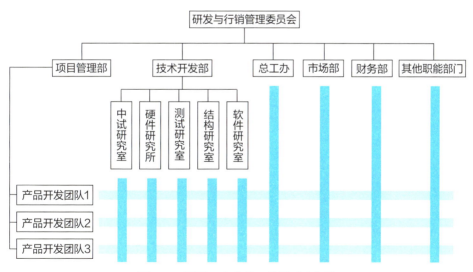

图4-2　限于一个产品开发的重度矩阵

这样的组织结构具有的特点是，纵向是各个职能部门，负责提供资源；

横向是开发部门，负责成功开发满足客户所需的产品。

跨部门的管理团队，和一线客户打交道，熟悉客户需求。在重度矩阵的倒三角管理体系中，公司领导的职责是提供资源与服务，IPD体系提倡IPMT（公司决策评审团队）的三大职责包括：

一是做业务决策，对重大投资项目进行投资决策评审，保证重大投资项目方向的正确性。

二是建体系，是指建立公司的管理体系，正如任正非引入IBM的IPD咨询，为公司建立了一套产品开发与管理的机制。

三是管理例外的事情，高层管理者要响应制度外的事情。

正三角管理法和倒三角管理法是两种截然不同的组织管理方式，它们分别代表了不同的管理理念和权力分配模式。

正三角管理法是一种传统的组织结构方式。在这种结构中，决策权和管理权集中在组织的上层，通常由高级管理层或决策者行使。他们负责制定战略、分配资源和监督下属部门的工作。中层管理者则负责将上层的决策转化为具体的执行计划，并协调基层员工完成工作任务。基层员工则负责执行具体的任务，他们的权力和决策能力相对有限。这种结构强调稳定和秩序，有助于确保组织的规范运作和目标的达成。

然而，正三角管理法也存在一些局限性。由于决策权集中在上层，基层员工的创新能力和主动性可能受到限制。此外，信息传递的层级较多，可能导致信息失真和决策滞后。

相比之下，倒三角管理法则是一种更加扁平化和灵活的组织结构方式。在这种结构中，决策权和管理权被下放到基层员工或一线工作者手中。他们被赋予更多的自主权和决策能力，能够根据市场需求和实际情况做出快速响应。同时，中高层管理者则转变为支持者、协调者和监督者的角色，为基层员工提供资源和指导，帮助他们更好地完成任务。

倒三角管理法的优势在于能够激发基层员工的创新能力和主动性，提高组织的响应速度和灵活性。同时，决策权下放，能够减少信息传递的层级，降低信息失真和决策滞后的风险。然而，这种管理方式也对基层员工的素质和能力提出了更高的要求，需要他们具备更强的自我管理和决策能力。

总的来说，正三角管理法和倒三角管理法各有其优缺点，适用于不同的组织环境和业务需求。在选择使用哪种管理方式时，需要综合考虑组织的规模、文化、战略以及市场环境等因素，确保管理方式与组织目标和发展需求相匹配。

第三节

企业的价值周期

企业的价值周期通常指的是企业从创立到成熟再到衰退的整个过程。在这个过程中，企业的价值会经历不同的阶段和变化。例如，在初创期，企业主要关注产品的创新和市场的开拓；在成长期，企业会扩大生产规模，提升市场份额；在成熟期，企业会注重优化运营，提高盈利能力；而在衰退期，企业可能需要寻找新的增长点或进行转型以应对市场的变化，如图4-3所示。

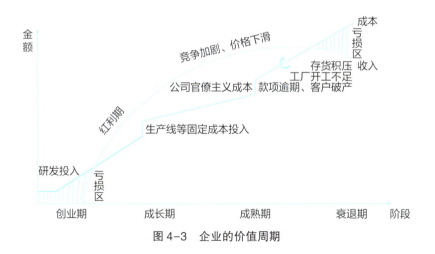

图4-3　企业的价值周期

一般企业都需要经过创业期、成长期、成熟期和衰退期（蜕变期）四个阶段。需要说明的是，每个阶段之间是没有明显界限的。你需要尽可能敏锐地去判断行业新阶段的到来，并且要提前做好相应的战略准备去面对不确定性。

研发投入是企业为了开展科技创新活动而投入的成本和费用。这些投入包括研究阶段的支出和开发阶段的支出，如人员工资、材料采购、设备租赁等。研发投入是企业提高自身核心竞争力和创新能力的重要手段，有助于推动企业的技术进步和产品升级，从而提升企业价值。

成本和收入是企业在经营过程中的两个核心要素。成本是指企业为了生产、销售产品或提供服务而支出的各项费用，包括原材料成本、人工成本、运输成本等。而收入则是企业通过销售产品或提供服务所获得的收益。企业需要通过有效的成本控制和收入管理，实现盈利和可持续发展。

企业官僚主义成本与生产线等固定成本投入是两种不同类型的成本，它们在企业的运营和财务管理中扮演着不同的角色。

企业官僚主义成本主要指的是由于企业内部官僚体制和流程烦琐、决策缓慢、信息沟通不畅等因素所导致的额外成本。这种成本可能包括因决策过程冗长而错失市场机遇的潜在收益损失，因内部沟通不畅而导致的重复工作或资源浪费，以及因员工士气低落而引发的效率下降等。这些成本虽然难以精确量化，但它们对企业的长期发展和竞争力有着不容忽视的影响。

相比之下，生产线等固定成本投入是指企业为生产产品或提供服务而投入的、在一定时期内不会随产量或业务量变化而变化的成本。这些成本通常包括设备折旧、厂房租金、生产线维护费用等。这些成本是企业运营所必需的，它们是企业生产能力和规模效应的基础。

在企业的成本管理中，需要综合考虑这两种成本。一方面，要通过优化内部流程、减少决策层级、加强信息沟通等方式降低官僚主义成本，提高企业的运营效率和市场响应速度；另一方面，也要合理规划和投入生产线等固定成本，确保企业的生产能力和服务质量能够满足市场需求。

同时，企业还需要注意这两种成本之间的平衡。过高的固定成本投入可能导致企业财务压力增大，降低盈利能力；而过高的官僚主义成本则可能阻碍企业的创新和发展。因此，企业需要根据自身的战略目标和市场环境，灵活调整成本结构，以实现可持续发展。

在企业衰退期，往往会面临一系列挑战和困难。

比如，存货积压、工厂开工不足、款项逾期、客户破产等，除应对上述具体问题外，企业还需要从战略层面进行调整，如重新评估市场定位、调整经营策略、优化组织结构等，以应对市场变化和企业内部问题。同时，加强内部管理、提高运营效率、降低成本，也是缓解衰退期压力的关键措施。

第四节

企业经营的降本增效如何展开

2001 年，杨元庆到华为参观时，表示联想要加大研发投入，做高科技的联想，任正非对他说："开发可不是一件容易的事，你要做好投入几十亿元，几年不冒泡的准备。"

一旦进入科技行业，技术就是一道绕不过去的槛。既然早晚要面对，那么早面对总比晚面对好。否则，转型升级给公司带来的压力和风险，要比技术研发带来的风险更大、更广。

2010 年的广交会上，一些没有核心技术，但靠价格优势在全球市场都拥有大量市场份额的家电企业，面对汇率、原材料成本上升等因素的影响，不得不采取提升产品价格的策略来应对。但这并不能解决根本问题，因为白色家电的利润通常很少超过 5%。显然，如果人民币持续升值或者升值过快，这些企业还能采取的应对措施就极为有限——一味提升产品价格，原有的价格竞争优势必将荡然无存。

在这种情况下，这些企业即便想转型升级都很困难。因为要提高产品竞争力，就必须增加研发费用以及研发人员的工资投入，但直接被汇率升值或原材料成本上升所"吃"掉的利润，又恰恰是研发投入的重要来源——这是一个"无解"的怪圈。

在华为 IPD 中，也存在产品生命周期。产品生命周期是指一个产品从产品上市到产品退出市场的这个过程，它是产品变现的阶段。具体是指产品所经历的从出现到消失的四个阶段——创业期、成长期、成熟期和衰退期，如

图 4-4 所示。

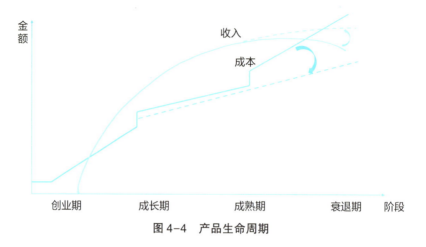

图 4-4　产品生命周期

在产品的生命周期内，你需要通过持续地销售和运营新产品来获取收入，从而达成公司的战略目标，实现产品的商业成功。

关于产品生命周期，需要关注以下三个板块。

运营绩效管理：产品销售情况、供应链状况、售后服务状况等，需要对产品生命周期做定期回顾和总结分析。

研发维护：为解决产品问题而进行的产品技术更改和调整。

产品终止管理：产品退市申请、退市方案制定及执行等。

那些愿意在研发上投资的企业，只要资金链不断裂，后来往往都能发展得不错。而那些不敢搞研发，或那些只想赚快钱不愿搞研发的企业，在发展到一定阶段后往往后劲不足。

华为持续加大研发投入，推动技术创新和产品升级。通过不断推出具有竞争力的产品和解决方案，能够提高产品性能，降低生产成本，并满足客户需求。这种创新驱动的策略不仅提升了企业的市场竞争力，也为企业的降本增效提供了有力支持。

像华为这种在研发上属于智力密集型的企业，如果研发管理体系不规范，就无法获得研发的效率和效益，甚至会被庞大的研发费用拖入"黑洞"。从

1998年开始，华为不断强调管理的规范化，强调要从管理中要效益，甚至花费数亿元请外脑来帮助企业实现管理上的规范与成熟。通常来说，研发的效益主要体现在技术领先带来的市场占有率。但实际上，如果研发的效率不够高，研发的管理混乱，研发的方向出现了错误，都会最终影响到研发的效益。举例来说，即使研发的效率很高，研发的方向也是客户导向，研发出的最终产品获得了客户支持，但如果研发中的管理混乱，仍然会导致研发上的某些成本浪费，比如，时间成本、物料成本等等。

从华为的研发战略我们可以发现，企业无论重视业务的哪一块，都不应该忽视其他业务的重要性。比如，重视研发，但也不能忽视市场。同样，重视市场，但也不能忽视技术。这是因为，企业的成功是一个业务链的成功，而永远不可能是某一块业务的成功。

中国企业多重视销售，这本身并没有什么问题，但有的企业因为过度重视短期利益而对销售人员实行宽松灵活的管理政策，这就为企业的长久健康发展埋下了隐患。一些企业市场份额的突然丢失，实际上就是销售管理体系的不成熟造成的。一旦某个销售能人或某个优秀的销售团队离去，一些企业的市场销售往往会立即出现下滑，这就是过度依赖人而不是依赖体系的弊端。因此，从根本上说，企业无论做研发还是做销售，都要有一个成熟完善的管理体系。只有像华为那样，大力搞好管理基本功，才能使企业既有的优势继续下去。

第五节

组织责任中心定位演变

责任中心是承担一定经济责任并享有一定权利的企业内部单位，它是企业管理系统有效运作的基础。通过明确责任中心，企业可以更好地进行价值创造、价值评价和价值分配，从而实现企业的战略目标。

近年来，企业界普遍热衷于划小经营单元，认为划小才能压实责任，增强活力。责任中心领袖群伦，极其成功，既有划小带来的敏捷，又有大规模优势，奥妙何在？

首先，责任中心并不对组织进行划小，只是随着组织的自然划小而配合划小经营单元，非常自然，因而更符合组织运行的规律。

其次，责任中心是抓住各个组织单元的本质，为其进行合适的定位，并动态调整。例如，产品线/代表处，是产生利润的核心单元，自然就承担"利润中心"的定位，如果它们进一步壮大，能够承担投资的责任了，有可能升级为"投资中心"；而如果企业希望它们快速占领市场、加大投入，暂时放弃利润，它们则会摇身一变成为"收入中心"。这种调整是动态的，随着战略的变化而变化。

最后，责任中心的运行机制合理。不同的责任中心，就设置不同的指挥棒：利润中心负责利润，成本中心负责成本，费用中心负责费用，大家各安其位。各责任中心之间内部结算，采取财务的"权责发生制"原则，按照"谁收益、谁承担"的规则进行处理，但不是极致的结算，例如，华为的利润中心采用"毛利润"口径，并非"净利润"，利润中心只为自己能控制的"毛利润"负责，而非极致的净利润，因此避免了鸡毛蒜皮的争吵。

组织责任中心定位演变，如图4-5所示。

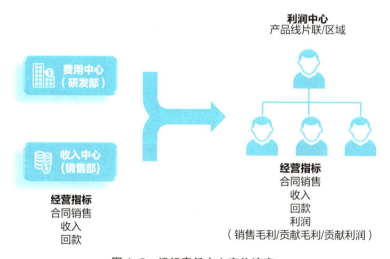

图4-5　组织责任中心定位演变

组织责任中心定位演变是一个复杂且持续的过程，它随着企业的发展、市场环境的变化以及业务需求的调整而不断演进。

在早期阶段，组织责任中心定位可能更多地关注于具体的业务部门和产品线。随着企业规模的扩大和业务范围的拓展，开始逐渐建立起基于客户、产品和区域三个维度的组织架构。这种组织架构使得各组织能够共同为客户创造价值，并对企业的财务绩效有效增长、市场竞争力提升和客户满意度负责。

在这一过程中，可能根据不同部门的职责、对组织的贡献以及投入资源的控制或影响程度来确定相对责任归属。例如，业务部门通常被视为利润中心，因为它们通过创造收入和控制成本来直接贡献公司利润；而支持部门则可能被视为成本中心或费用中心，它们通过提供最佳服务或产品来支持主业务部门的运营。

随着市场环境的不断变化和业务模式的创新，可能还会引入新的责任中心类型，如投资中心、收入中心等。这些新的责任中心能够更好地反映企业在不同业务领域的战略重点和发展方向。

此外，在组织责任中心定位演变的过程中，还注重与企业的整体战略和目标保持一致。通过不断优化和调整责任中心定位，能够更好地适应市场变化、提升运营效率并增强竞争力。

第五章
销售管理
"铁三角"工作法，成就企业千亿战绩

　　在企业的人才管理体系中，有一种模式不容忽视，那就是"铁三角"销售模式。它是从一线的失败教训中痛定思痛总结出来的销售管理智慧，是决定企业取得成功的关键。企业学习铁三角工作法，让你的销售团队如虎添翼，成就卓越业绩！

第一节

业绩倍增

销售是企业实现商业目标的核心手段。华为作为一家全球性的高科技企业，其产品线广泛覆盖通信、智能设备、云计算等多个领域。这些产品需要通过销售活动才能转化为实际的收入，从而实现公司的盈利和增长目标。

可能很少有人知道，在华为内部，KPI、OKR、PBC 这些管理工具他们同时都在用，但它们都有一个核心的指导思想：一定都会做增量绩效。

以下是业绩倍增销售总额计算公式，如图 5-1 所示。

图 5-1 销售总额计算公式

这个等式描述了一个销售总额的计算模型，它基于几个关键的变量来预测或解释销售总额，下面是对每个变量的解释。

一、潜在客户

潜在客户是指有可能购买你的产品或服务的客户。这个数值通常是通过市场调研、广告效果分析、线上流量统计等方式来估算的。一个有效的营销策略能够吸引更多的潜在客户，从而提高销售总额。

华为的潜在客户群体十分广泛，下面通过几个具体的例子来说明。

首先，以华为 Mate 系列为例，它的主要潜在客户群体是中年高端商务人群。这部分人群对手机的性能、品质和安全性有着较高的要求，他们常常使用手机进行商务活动，如处理邮件、参加视频会议等。Mate 系列的高性能、长续航和出色的安全性能等特点，正符合这部分人群的需求。因此，对于这部分人群来说，华为 Mate 系列手机是他们潜在的选择。

其次，对于华为 P 系列，其潜在客户群体则可能是更偏向于追求时尚与摄影的年轻人。P 系列手机在拍照功能上有着出色的表现，同时其外观设计也时尚大方，深受年轻人的喜爱。这部分人群往往注重手机的外观设计和拍照功能，因此，华为 P 系列手机是他们的潜在选择。

再次，对于企业用户来说，华为的企业级产品和服务如服务器、交换机、云计算等，是他们的潜在需求。这部分用户需要稳定、高效和安全的 IT 解决方案来支持他们的业务运营。华为在企业级市场的技术实力和产品品质，能够满足这部分用户的需求，因此，企业用户也是华为的重要潜在客户群体。

最后，随着华为在智能家居、物联网等领域的布局，其潜在客户群体还将进一步扩大。例如，对于追求智能家居生活的消费者来说，华为的智能家居产品如智能音箱、智能门锁等，将是他们的潜在选择。这部分人群注重生活品质和便利性，华为的智能家居产品能够满足他们的需求，提升他们的生活质量。

综上所述，华为的潜在客户群体包括中年高端商务人群、追求时尚与摄影的年轻人、企业用户以及追求智能家居生活的消费者等多个领域和层次的人群。随着企业不断创新和发展，其潜在客户群体还将进一步扩大。

二、转化率

转化率是指潜在客户中实际购买你的产品或服务的比例。例如，如果有一百个潜在客户，其中十个购买了你的产品，那么转化率就是 10%。

提高转化率是销售和市场部门的关键任务，可以通过优化产品描述、提供更有吸引力的优惠、改进网站用户体验等方式来实现。

三、客单价

客单价是指每个客户平均每次购买的总金额。这个数值可以通过历史销售数据来计算。

提高客单价可以通过多种策略来实现，如提供套餐销售、增加高价值产品的推广、推出会员制度等。

四、消费频次

消费频次是指客户在一定时间内购买你的产品或服务的次数。这个变量反映了客户的忠诚度和复购率。

提高消费频次可以通过提供优质的售后服务、定期推送新品信息、开展忠诚度计划等方式来实现。

将这四个变量相乘，就得到了销售总额的计算公式。这个公式有助于企业理解销售收入的构成，以及如何通过调整这些变量来优化销售表现。当然，实际的销售过程可能涉及更多的因素，但这个模型提供了一个简洁而有力的框架来分析和改进销售策略。

第二节

效益加速

企业销售成功的秘密在于多个方面的综合优势，这些因素共同推动了其效益的加速。企业销售效益的加速，离不开其产品客单价、使用价值和附加值的共同提升。以下是对这三个方面的详细分析。

一、客单价的提升是企业销售效益增长的关键因素之一

客单价反映了客户每次购买企业产品或服务的平均金额。通过不断优化

产品组合、推出高价值产品以及提供个性化解决方案，华为成功吸引了更多客户并提升了他们的购买金额。这不仅增加了公司的销售收入，还提高了销售利润率，为公司的持续发展提供了有力支持。

产品客单价高的例子不胜枚举，以下列举几个典型的例子来具体说明。

华为 Mate 系列旗舰手机：Mate 系列作为华为的高端手机产品线，每一代都搭载了华为最先进的技术和创新功能。从处理器、摄像头、屏幕显示到电池续航等方面，都代表了华为手机的顶尖水平。

由于其卓越的性能和独特的用户体验，Mate 系列手机的定价通常都高于市场平均水平。然而，这并没有阻碍消费者对它的热情，因为很多消费者愿意为高品质和高性能的产品支付更高的价格。

华为笔记本电脑：华为推出的笔记本电脑，特别是针对高端市场的 X Pro 和 Mate Book 系列，同样以高品质和出色的性能著称。这些笔记本电脑采用了最新的处理器、高速固态硬盘和高清显示屏，提供了流畅的多任务处理性能和高效的办公体验。

由于其卓越的工艺和性能，华为笔记本电脑的客单价也相对较高。即使对于追求高品质办公和娱乐体验的消费者来说，它们仍然是非常有吸引力的选择。

华为 5G 通信设备：在通信领域，华为作为全球领先的通信设备供应商，其 5G 通信设备更是备受瞩目。这些设备采用了最先进的 5G 技术，能够提供高速、低延迟的通信服务，对于运营商来说具有极高的价值。

由于其技术领先性和高性能，华为 5G 通信设备的客单价也相对较高。但考虑到其能够为运营商带来的长期收益和竞争优势，这一价格也是合理的。

这些例子只是华为众多高客单价产品中的一部分。企业通过不断创新和提升产品品质，成功打造了多个高附加值的产品线，从而实现了销售效益的加速增长。这也正是华为能够在激烈的市场竞争中保持领先地位的重要原因之一。

二、使用价值是企业产品吸引客户的重要因素

以华为为例，其始终坚持以客户为中心，致力于提供高质量、高性能的产品和服务。通过不断创新和研发，其产品在性能、功能、稳定性等方面均表现出色，满足了客户的多样化需求。这种优质的产品体验不仅提高了客户的满意度和忠诚度，还为其赢得了良好的口碑和市场地位。

三、附加值是企业产品实现销售效益加速的关键所在

附加值是指产品通过技术创新、品牌塑造、服务提升等手段所增加的价值。其在技术研发、品牌建设和服务体系等方面投入大量资源，不断提升产品的附加值。

例如，华为在5G、人工智能、云计算等领域取得了显著的技术突破，为客户提供了更加先进和智能的解决方案。同时，还注重品牌形象的塑造和服务质量的提升，通过提供全方位、个性化的服务，增强了客户对品牌的认同感和信任度。

通过提升产品客单价、使用价值和附加值，企业实现了销售效益的加速，如图5-2所示。

图5-2 销售效益加速模型

这三个方面的共同提升不仅增强了企业的市场竞争力，还为公司创造了更大的商业价值。未来，企业将继续致力于创新和研发，不断提升产品附加值和客户满意度，推动销售效益的持续增长。

第三节
企业"铁三角"模式

一、什么是"铁三角"模式

由华为提出的"铁三角"模式，是一种管理和业务模式，它是由三类成员构成。其中包括 AR（客户经理）、SR（解决方案经理）和 FR（交付经理）。

这一模式的核心目标是整合企业内部资源和能力，以客户为中心，为客户提供从线索发现到合同履行的全流程服务，如图 5-3 所示。

图 5-3　华为"铁三角"模式

在这种模式下，客户经理负责与客户沟通，理解客户需求，并带领团队实现销售目标。解决方案经理专注于提供技术解决方案，确保产品能够满足客户的特定需求。交付经理则确保项目能够按时、按质、按量完成，以提升客户满意度。

"铁三角"模式赋予了团队高度的自主权，使它们能够快速响应市场变化并灵活调整策略。这种模式还打破了传统的部门壁垒，促进了内部沟通与协作。它还重视人才培养，通过培训和实践活动培养了一批既懂技术又懂市场的复合型人才，这些人才在"铁三角"模式中发挥着关键作用。

此外，企业的"铁三角"模式还强调了前后端联动，形成了界面清晰的职责体系。在项目各阶段，团队成员承担差异化职责，能力要求各有侧重。还构建了"职能—项目型"矩阵组织，提升了业务竞争力。

"职能—项目型"矩阵组织是保障"铁三角"能够得到充分"粮草"的组织设计。"铁三角"作为一线客户接触点，基于专业分工和利益协同机制，以"小分队"形式冲锋陷阵，实现客户需求挖掘、转化和价值变现。为保障"小分队"能高效工作，打造"职能—项目型"矩阵组织提升业务竞争力。

"铁三角"的精髓是为了目标，而打破功能壁垒，形成以项目为中心的团队运作模式。主要的资源用在找目标、找机会，并将机会转化成结果上。后方配备的先进设备、优质资源，在前线一发现目标和机会时就能及时发挥作用，提供有效的支持，而不是拥有资源的人来指挥方向。

"铁三角"在授权范围内，有权力直接调动资源，所谓权限指在项目管理上提供的条款、签约、价格三个授权文件，以毛利润及现金流进行授权，超越授权要按程序审批。当然，调动资源也是有成本的，谁调动，谁负责。

"铁三角"调动资源的权限不同，如图5-4所示。

调动资源后，后方变成系统支持力量，必须及时、有效地提供支持与服务，以及分析监控。提供"铁三角"各角色资源来源以及业务能力建设"大平台"。比如IT系统支撑、资源整合与调度、财务结算、审批等，强化组织"倒三角"支撑能力。

"职能—项目型"矩阵组织其本质是授权、行权监管的分层授权体系，能够把以项目制经营为核心的"铁三角"运作真正运转起来，形成标准化运作方式。同时在这个过程中，解决业务贯通与组织协同，这也就是企业组织发展运作的核心。

总之，企业的"铁三角"模式通过整合内部资源、打破部门壁垒、赋予团队高度自主权以及培养复合型人才，形成了一种强大的市场竞争力，帮助企业在全球市场上取得了显著的成绩。

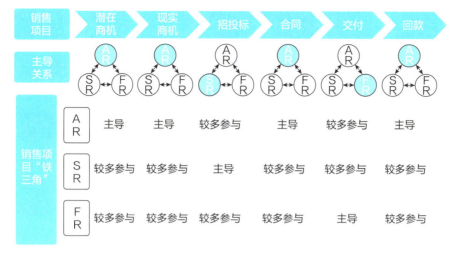

图 5-4　"铁三角"调动资源的权限不同

二、为什么要引入"铁三角"模式

我们知道，小企业规模小，人员少，无论是谁发现一个市场商机，都可以直接向老板汇报，然后让老板来决定做还是不做。大企业则不然，在大企业里面，一个新的商业计划，需要层层上报，层层审批。有时候，这种审批可能要达半年之久。许多转瞬即逝的商机，可能就是在这种层层上报审批的过程中白白地流失了。

小企业不仅做决策灵活，调整战略也灵活。当发现某个业务领域不如预期的美好时，小企业因为投入不大，可以及时撤出，不会出现尾大不掉的现象。大企业则不然，大企业通常不会进入那些市场发展空间不大、利润不高的业务领域，因为这不符合投资收益最大化原则。它们喜欢"大手笔"，所以它们每推行一个新的战略或进入一个新的业务领域，都会伴随着巨大的人力、资金的投入，甚至是组织结构的巨大变革。

简单来说，小企业的战略决策通常不会涉及太多的资源整合，所以它们制定战略以后，进退都比较自如。而大企业的战略决策由于涉及太多的资源整合，有时候光这种资源的整合就需要几个月甚至几年的时间，所以大企业在做战略决策时通常都小心翼翼，不敢轻易进行战略调整。

苏宁电器创始人曾说过，企业规模做大以后，他做每一个决策都胆战心惊、小心翼翼，因为他的决策一旦是错误的，那么对于企业来说其结果将不是受到多少损失那么简单，而很可能是对企业的致命一击。原因很简单，他的每一个战略决策，都要调动全企业的资源，一旦战略失误，企业想要调头都难。

这种决策上的灵活性差异，决定了面对同样的市场商机，小企业可以大胆去尝试，而大企业却不敢轻易尝试。事实上，小企业的机会就在这种不断尝试之中。一旦某个市场商机大企业不敢尝试而小企业却抓住了，那么这很可能就是小企业发展壮大的机会。

大企业决策缓慢，除了因为决策的风险性太大，还有一个重要的原因就是大企业总是存在着机构臃肿、效率低下、官僚主义严重的现象。咨询顾问罗伯特·沃特曼认为，官僚主义实质上是一种避免犯错误的机器，其全部的重心就是消极。所以，你当然可以经常指出为什么有些事不应该做，但在事实面前，却很难指出为什么有些事情应该做。

这实际上就是为什么企业规模越大，效率越低。因为大家都不敢犯错误，所以都不敢随意做出决策，自然而然地，企业的整体效率也就降了下来。

第四节
企业"铁三角"的组成方式与实践

一、组成方式

企业"铁三角"的组成方式主要基于其业务需求和项目特点，可以分为以下几种。

（一）从职责角色来看

从职责角色来看，企业的"铁三角"是由三类角色组成的：客户经理角色（AR），解决方案经理角色（SR），以及交付经理角色（FR）。这三个角色涵盖了最核心的三大业务体系，即客户界面、产品和解决方案以及交付管理。

（二）从组织体系来看

从组织体系来看，企业"铁三角"的组成方式体现在其项目制的弹性组织方式中。在这种方式下，"铁三角"项目团队成员在项目各阶段承担差异化职责，能力要求也各有侧重。

例如，AR 需要强化提升综合管理、经营能力以及带领高效团队的能力；SR 需要具有从解决方案角度来帮助客户成功的能力，并具备集成和整合企业内部各个专业领域的能力；FR 则需要具有与客户沟通、项目进度监控、问题预警以及对后方资源的把握能力。

（三）从更大的经营单元来看

从更大的经营单元来看，企业的"铁三角"位于片联这一最大的区域经营单元的顶端。片联的"铁三角"组织分别由客户群总裁、解决方案总裁、交付总裁管理构成，但这三个人有一个共同的领导——片联主席。这样的组织设计使得专业线服务于经营线，以实现经营单元的经营结果最优。

企业"铁三角"组成的几种方式，如图 5-5 所示。

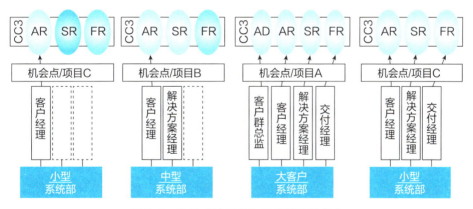

图 5-5　企业"铁三角"组成的几种方式

总的来说，企业"铁三角"的组成方式灵活多变，既可以根据具体项目的需求进行配置，也可以作为整个区域经营单元的核心组成部分。这种组成方式确保了企业在面对各种复杂的业务场景时，都能够迅速、有效地响应并满足客户需求，从而保持其在市场上的竞争力。

二、具体实践

企业"铁三角"模式的雏形，最早出现在华为北非地区部的苏丹代表处。

2006 年 8 月，业务快速增长的苏丹代表处在投标一个移动通信网络项目时没有中标。

在分析会上，负责团队总结出导致失利的原因：客户接口涉及多个部门的人员，关系复杂；部门各自为政，相互之间沟通不畅，信息不共享，各部门对客户的承诺不一致。在与客户接触时，每个人只关心自己负责领域的一亩三分地，导致客户需求的遗漏、解决方案不能满足客户要求、交付能力也不能使人满意；对于客户的需求，更多的是被动地响应，难以主动把握客户深层次的需求。

比如，在一次客户召集的网络分析会上，华为共去了七八个人，每个人都向客户解释各自领域的问题。客户的 CTO 当场抱怨："我们要的不是一张数通网，不是一张核心网，更不是一张交钥匙工程的网，我们要的是一张可运营的电信网！"

为此，华为苏丹代表处决定打破常规，以客户为中心，协同客户关系、产品与解决方案、交付与服务，甚至商务合同、融资回款等部门，组建针对特定客户（群）项目的核心管理团队，实现客户接口归一化，更好帮助客户商业成功。

具体来说，苏丹办事处以客户经理（AR）、解决方案经理（SR）、交付经理（FR）为核心组建项目管理团队，形成面向客户的以项目为中心的一线单元，从点对点被动响应客户到面对面主动对接客户，以便深入准确全面理解客户需求。

"三人同心，其利断金。"苏丹办事处就把这种项目核心管理团队称为"铁三角"。

"铁三角"模式的效果立刻就显现出来。2007 年苏丹办事处通过"铁三角"模式获得苏丹电信在塞内加尔的移动通讯网络项目。其后，华为在全公司推广并完善"铁三角"模式。

企业"铁三角"模式的构成体系包含两个层次，一个是项目"铁三角"

团队,另一个是系统部"铁三角"组织。基于项目的"铁三角"团队是代表企业直接面向客户的最基本组织以及一线的经营单元,是企业"铁三角"模式的核心组成部分。而系统部"铁三角"组织是项目"铁三角"各角色资源的来源以及项目"铁三角"业务能力的建设平台。

企业项目"铁三角"基于项目设立,具有任务性和阶段性的特点。而系统部"铁三角"组织由销售业务部、解决方案部和交付与服务部构成。其作为服务客户的部门而存在,是一个相对稳定的职能组织形式。其职责包括:负责企业系统部整体经营指标达成;负责企业系统部客户群市场规划,客户关系平台建设和维护;负责企业系统部机会点挖掘,并组织资源实施项目,对项目成功及盈利负责;负责企业系统部交易质量改善、客户满意度提升;负责企业系统部内部竞争目标达成等。

第五节
基于"铁三角"的 LTC 流程

"铁三角"销售团队的组织建设,与企业的整体发展阶段也有着极为密切的关系,在不同的发展阶段,"铁三角"销售团队的组织形态也会有所不同。

"铁三角"组织发展的三个阶段,如图 5-6 所示。

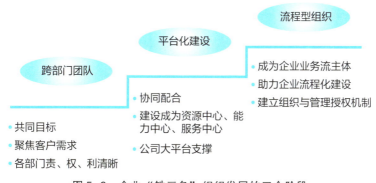

图 5-6 企业"铁三角"组织发展的三个阶段

当企业只是一个拥有众多部门的跨部门团队时，"铁三角"中的每个角色都有着一个共同的目标，即为客户创造价值，各方力量聚焦客户需求，不断提升客户满意度，各部门责、权、利清晰。

当企业发展到平台化建设阶段时，"铁三角"团队依然有着共同的目标，但随着能力的提升，"铁三角"已经发展成为一支"专业组织"，战斗力也越来越强。而且，在企业大平台的支持下，"铁三角"的平台化建设也越来越完善，逐渐成为区域资源中心、能力中心和服务中心。

当企业发展成为一个流程型组织的时候，作为LTC流程的运作主体，"铁三角"已经运转得十分成熟，并可以助力企业LTC业务流程优化。与此同时，在以客户为中心的指导思想下，"铁三角"建立了推拉结合、以拉为主的流程化组织运作体系，并建立起一整套行之有效的组织运作机制与决策授权机制。

基于铁三角的LTC（Lead to Cash，从线索到回款）流程是其销售体系中的核心流程之一。该流程以"铁三角"组织为基础，通过跨部门协同，实现客户需求的高效满足和业务目标的达成。

在LTC流程中，"铁三角"组织发挥了至关重要的作用。客户经理（AR）负责与客户保持紧密沟通，深入了解其业务需求，并将这些需求转化为具体的项目机会。解决方案经理（SR）则根据客户需求，结合企业的技术能力和产品特点，提供创新的解决方案。交付经理（FR）则负责项目的实施和交付，确保项目按时、按质完成。

LTC主流程与"铁三角"，如图5-7所示。

关于"铁三角"的组织建设，可以根据市场线索及机会点多少，沿着LTC流程，按照以下原则进行组织设计。

（1）"铁三角"项目组由客户负责人（销售）、方案负责人（方案）、交付负责人（交付）作为核心成员，同时任命项目经理，还要任命相关支撑人员。

（2）多产品、多品牌运作客户，可以根据产品、品牌项目建立多个"铁三角"项目组。

（3）"铁三角"项目组组长（项目经理）可以根据项目进展阶段、项目的性质、人员能力情况确定，可以分阶段任命。

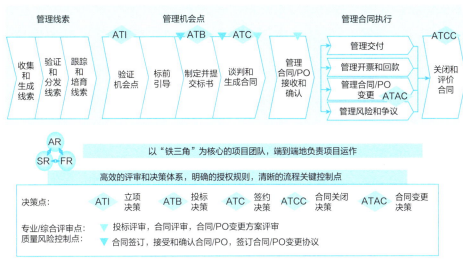

图 5-7　企业 LTC 主流程与"铁三角"

（4）每个"铁三角"项目组的上级设置项目经营小组长，对口支持"铁三角"项目组的工作与问题解决。

通过"铁三角"的协同，LTC 流程实现了从线索发现到合同签订、执行和回款的端到端拉通。在这个过程中，"铁三角"团队共同制定销售策略、推动项目进展、解决客户问题，确保整个销售过程的顺利进行。

此外，LTC 流程还注重数据分析和绩效评估，通过对销售过程中的关键指标进行监控和评估，不断优化流程，提高销售效率和客户满意度。

第六节

"铁三角" 为什么能成功

"铁三角"团队直接面向客户，尤其是战略客户，需要非常了解客户的需求及痛点。通过"铁三角"团队，围绕着线索到回款整个业务流，围绕着客户的痛点和需求，驱动企业所有的相关部门为客户的需求服务，包括研发、生产、供应链、物流、财经、交付服务，甚至企业的高管等。

这一切服务都是为了达成经营目标，包括客户的规划、需求管理、客户关系的平台规划与拓展（包括线索和项目的端到端、可视化管理），以及客户群格局、市场目标管理（包括客户满意度经营）等。

由此，对"铁三角"的能力提出了相当高的要求。这个团队要把客户的需求、困难，通过运作无障碍地传递到企业的各个部门，使企业各个部门牢牢围绕着客户的需求服务，经营、服务好客户。

那么，这三个角色如何拧在一起？考核和激励机制是一个重要牵引。

一、合理的考核与激励机制

在考核上，使用平衡计分卡，一共四个维度，如图5-8所示。

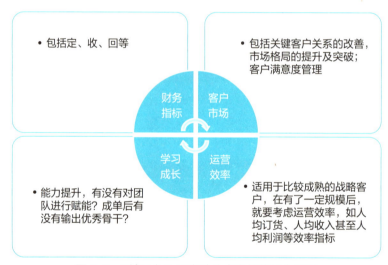

图5-8 "铁三角"平衡计分卡考核的四个维度

（一）如何体现三个角色的差异化考核

"铁三角"的主管就是客户群的总经理，他首先要承担企业在客户群所有的四个维度指标，然后分解为"铁三角"的不同角色。

那么，三个角色需要重点关注的考核指标是什么？

客户经理：客户关系平台建设，这是客户经理职责所在，要修建企业和客户的沟通的通路；关心端到端的客户满意度；财务指标是关注重点，尤其是订货、回款。

解决方案经理：为客户提供能够满足客户需求的有竞争力的解决方案，如果能做到差异化更好，差异化的、有竞争力的解决方案，其实也是盈利的重要基础和切入点；管理产品在客户群的整体情况和份额。

交付经理：交付客户的满意度；收入，因为收入确认和交付进度是强相关的；交付的成本控制、风险管控。

(二)"铁三角"的"利出一孔"

其实这三个人有一个共同目标——把客户群做大，做好，使客户满意，保证订、收、回。因为做大了大家都有好处，都能拿到更多奖金，获得提拔和认可。

对"铁三角"的团队有这么高的要求，若要其能够面向客户做好客户经营，承担客户的压力以及满足各种需求，并且驱动公司去满足客户的服务需求，那么考核和激励是必不可少的。

首先，激励的前提是考核的相对公平，没有考核去谈激励是不可想象的。所以要先把考核搞清楚。

其次，通过平衡计分卡四个维度做好考核，企业要先把团队主管的考核搞清楚，如客户群主管、部长总监、区域销售主管，这些都是各团队的主管。

最后，到"铁三角"的具体团队，各个不同角色也是同理，要将主管承担的考核指标细分到各个角色，通过一些关键的数字指标把大家连接在一起。

那么接下来规模扩大之后，可以建立很多分岗位，比如说销管、人力资源、财务组织，他们协助做好项目经营，也要考虑这些人的考核与激励问题。

(三) 公司激励"五位一体"

公司激励是"五位一体"的方式，即工资、津贴、奖金、股权、福利。

"铁三角"的年终奖金，采取的是获取分享制。通过产出的一些财务指标，比如说收入、回款、现金流还有运算效率等，根据系数公式生成一个奖金包。

首先解决组织的奖金问题，再逐渐过渡到组织里面的每一个人，根据你的考核、岗位贡献、承担的压力，你是面向客户的组织还是平常组织等这样一系列的规则，逐步把奖金发到个人。

另外，项目组有一个项目目标，完成后可以获取奖金包。

二、可复制的"铁三角"

在复制"铁三角"销售模式的具体场景中，想要在企业内部成功运作一套新的销售体系，首先就要让员工从思维层面认同这种新鲜事物。否则，即便企业成功引入了"铁三角"销售模式，从组织形式上进行了调整，但员工内心不接受这种改变，复制也就失去了效果。

对于企业来说，思维层面的认知升级，最好要先于业务层面的改变。没有一个合适的文化基础，即便业务调整到了合适的方向，也很难成功落地。所以，要想让员工从意识形态上接受"铁三角"销售模式，企业还是要从文化建设的角度入手。塑造这种文化基础要注意以下两点。

(一)"以客户为中心"的价值导向

客户需求是企业发展的原动力，为客户服务是企业存在的唯一理由。"铁三角"是一个聚焦客户需求的共同单元，其目的只有一个：满足客户需求，成就客户理想。

"以客户为中心"的价值观是企业成功复制"铁三角"销售模式的文化基础。如果没有这种思想，企业的销售团队就很容易陷入为了实现成交而不择手段的状态，从而忽视维护客户关系和保证交付质量的重要性。这样一来，销售团队的分工协作也就失去了意义，更遑论"铁三角"销售模式的复制。

从某种程度上来说，"铁三角"销售模式是"以客户为中心"的核心价值观践行的产物，无论是团队组建也好，实际运作也罢，都需要这种核心价值观作为基础。

(二)协同价值导向

人在一起只是团伙，心在一起才是团队。很多学习"铁三角"销售法的企业，虽然它们组建了自己的"铁三角"团队，却没有实现"1+1+1>3"的效果。明明每一个角色的能力都达到了一定的水平，但始终无法带领整个团队创造更高的业绩。为什么会出现这样的问题呢？

答案很简单，在传统模式的影响下，企业员工对于销售这件事情已经形成了固有认知，无法与他人进行有效的协同。而想要解决这个问题，最简单直接的方式就是在企业文化中加入协同价值导向，引导员工改变认知，重新认识团队协同的价值和作用。

华为对"铁三角"团队中的三个角色虽然有差异化的考核标准，但其中最关键的一项是他们有共同的项目财务指标，或者说业绩指标。这与华为一直倡导的"以结果为导向"的价值观密切相关。有了共同的考核标准，"铁三角"团队自然会在共同完成统一目标的前提下考虑如何进行自己的工作。这样一来，团队自然能够上下一心，合力攻坚。而三个角色统一的主要考核标准，体现的就是团队协同的文化价值导向。

当然，如果我们从整体的角度来看待企业复制"铁三角"销售模式所需的文化基础，"以客户为中心"的价值导向与协同价值导向看似是两件事情，其实是一件事情的两个方面。

客户经理、解决方案经理、交付经理三个关键角色需要协同一致才能发挥"铁三角"销售模式的作用，但在具体的执行中，我们都知道三者负责的工作其实各有偏重。为了保证三个关键角色不会在具体的工作中忽略协同一致的核心逻辑，企业需要给这三个角色找到一个共同的参照物。在实际工作中，和"铁三角"团队当中的三个角色都有关系，同时又对最终的销售结果有重要影响的因素，其实就是客户。

举个例子，华为为了让市场、销售、研发、供应链等部门都面向同一个目标，也就是"实现客户需求，让客户满意"的价值诉求而努力，在企业内部建立了面向市场和客户的考核系统。在工作上下游业务单元之间形成了考核联动，并设置了客户满意度指标，利用考核指标的互锁，让所有部门都面向客户进行承诺。

比如，对研发部门的考核要素是客户需求响应指标、营销材料完备度、新产品开发质量，对市场部门的考核要素是客户愿意购买的新产品销售额、市场份额和老产品扩容销售额等。通过这种方法，华为不断强化后方与一线"铁三角"团队的高效协同，从"以自我和领导为中心"向"以客户为中心"

转变。

也就是说，如果"铁三角"团队当中的三个关键角色都能坚持"以客户为中心"的价值观，并坚持用这种价值观来主导自己的行为模式，那么三个角色之间自然而然会形成合力。

无论是从"铁三角"销售模式的历史沿革出发，还是从实际应用的角度来说，企业要复制"铁三角"销售法，首先要牢牢树立"以客户为中心"的核心价值观，让"以客户为中心"的理念融入每个员工的血液。

第六章
客户管理
为客户服务，是企业存在的唯一理由

　　改革开放 40 多年来，曾经有无数企业创造辉煌与传奇，但也有更多的企业演绎了一幕幕由盛到衰的故事。人们对这一现象进行分析的时候，无不将原因归结为以下几种：过分依赖客户，只关注短期财务业绩，无法让商业模式满足颠覆式创新的需求等。实际上，这一切并不能充分解释那些曾将公司带向辉煌的企业家何以会失败。

第一节

"为客户服务" 是企业存在的唯一理由

企业要生存和发展, 有两个关键要素——一是客户, 二是货源。是不是就像 "1+1=2" 那么简单? 但最简单的其实才是最厉害的。

企业活下去的根本, 是要有利润, 但利润只能从客户那里来。企业的生存本身是靠满足客户需求, 提供客户所需的产品和服务并获得合理的回报来支撑; 员工是要给工资的, 股东是要给回报的。天底下唯一给企业带来利润的, 只有客户。企业不为客户服务, 还能为谁服务?

现代企业竞争已不是单个企业与企业的竞争, 而是一条供应链与供应链的竞争。企业的供应链就是一条生态链, 客户、合作者、供应商、制造商命运在一条船上。只有加强合作, 关注客户、合作者的利益, 追求多赢, 企业才能活得长久。

以客户为中心是价值观念, 更是行动。也只有在利益冲突的时候, 才能看出你的核心价值观取向。

时任摩根士丹利公司首席经济学家的斯蒂芬·罗奇 (Stephen S. Roach) 曾带领机构投资者代表团造访了华为, 任正非委派当时的常务副总裁费敏接待了这个代表团。后来罗奇失望地说: "我们能为他带来30亿美元的投资, 他竟然不见我们。" 任正非对此事的解释表明了他的心声, 他说, 无论公司多小, 如果是客户, 他都会接待, 但罗奇不是客户。

能够做到以客户为中心是有前提条件的, 比如, 不上市就是前提条件之一: 这样就不会改变以客户为中心的基础; 企业进行战略性投资和分配调整可能会影响年报业绩时，就不必太受股东的掣肘；在调动战略资源去应对颠覆性创新的时候，也不必去顾忌股票的价格、投资者用脚投票和证券分析师的说三道四。有些优秀企业对风投资本不感兴趣，但同样担心他们在企业转型时设置障碍或者撤走资金而致使战略转型一败涂地。

企业家是以客户为中心，资本家是以价值为中心，这是两股道上跑的车。

一、企业的价值主张

价值主张是企业通过经营过程向客户传递的价值理念，是企业价值观的一种表现形式。价值主张也是客户选择某个企业，而不选择其他企业的产品和服务的一个重要原因。企业的价值主张是以客户为中心，帮助客户成功。

2000 年之前很长时间，也包括之后有几年，华为也非正式地采用过一个初级价值观，叫"产品好、服务好、价格低，优先满足客户需求"。但这个价值观只讲了客户，只讲了来自客户的"价值实现的理性计算"。客户当然希望产品好、服务好，还要价格低，对于华为来说，这却是一种无奈的价值选择——在你的品牌和管理还处于低水平时，尽管你的产品是二流或一流的，服务是一流的，客户仍然不愿为较高的价格买单。同时你本身在激烈竞争的国际市场上也不具有对产品的定价权。

华为一位高管在某次会议上说："三星很过分，随便涨价。"任正非说："你也可以涨嘛！"对方说："我涨不了啊！"任正非笑答："那是，你连过分的资格都没有。三星的科研战略和高投入很值得我们学习。"

三星敢于反周期朝基础研究砸钱的做法，是其拥有产品定价权和世界领先地位的一大法宝，很值得华为和中国企业借鉴和效仿。

"物美价廉"这样的说法不靠谱，原因很简单，"物美"的前提必然是高投入，研发创新的高投入、产品质量的高投入、优质服务的高投入，尤其是对人才的高投入。高投入产出高质量的产品，高质量的产品必然有相对高的价格，购买者有相对高的消费体验。

华为每年的研发投入大约是净利润的两倍，员工的年平均收入之和与股东分红的比例是 3∶1，华为长期对高利润保持警惕，年净利润率基本上保持在 8% 上下。2019 年上半年，华为净利润率达到 8.7%，常务董事会为此写了书面检讨。

高利润使得股东短期获益，却影响了企业面向未来的战略投入，相对应地也损害了客户和股东的长期收益。很明显，华为产品高价盈余的部分，大部分回流到了面向客户需求（显性和隐性需求）的再投入，而不是进了股东的腰包。正因如此，客户愿意为价格相对较高的优质产品买单。这就是消费者的理性计算。

基于对人性特质的朴素和理性的认知，华为形成了自己的价值观，这种价值观有两个重要基点：一切从客户出发，客户是价值创造的唯一源泉。客户的理性计算是多方面的：第一，好的技术；第二，好的产品；第三，好的服务；第四，合适的价格。客户愿意持续购买华为的产品，是在技术、产品、服务、价格四个方面理性计算的基础上，做出的一种选择和取舍。反过来，华为的价值观和在价值观支配下的组织行为、个体行为都必须紧紧地围绕客户展开。

将重视客户的价值主张延伸开来，可以总结为四句话：以客户为中心，以奋斗者为本，长期艰苦奋斗，坚持自我批判。

（一）以客户为中心

以客户为中心，它可以确定奋斗的方向。

为客户服务是企业存在的唯一理由，客户需求是企业发展的原动力。

当确定了中心之后，才能够确定奋斗的方向，而这些客户不仅有企业本身的用户，也包含它的竞争对手，因为只有这样才能够超越其他人，而不会一直是在追赶别人，才能获得整体的发展。

（二）以奋斗者为本

以奋斗者为本，它可以提供活力的源泉。坚持奋斗者为本，使奋斗者获得合理的回报。它也可以提供内在的动力，通俗一点地说就是以员工为本，提供比他们预期的报酬更好的待遇，从而能够创造更多的价值，因此在企业的管理中，让员工能够获得更多回报一直是管理者研究的方向。

（三）长期艰苦奋斗

修身是一个艰苦而且长期的过程，而要想获得好的效果，需要做好长期艰苦奋斗的准备。因为当一个人看到成绩后就沾沾自喜或停滞不前，那么他很快就会被其他人所超越。

企业没有任何稀缺的资源可依赖，唯有艰苦奋斗才能够赢得客户的尊重和信赖。

（四）坚持自我批判

只有坚持自我批判，才能倾听、扬弃和持续超越，才能更容易尊重他人和与他人合作，实现客户、公司、团队和个人的共同发展。

坚持自我批判可以让人修心。任何人都会有缺点，而且在工作中也会存在一些不足，那么坚持对自己的批判，是提高自己最好的方式之一，它可以改变人的惰性，并且激励人向前。这也是企业再创业运动的基石。

二、质量管理战略

从 2000 年开始，华为走上了发展的快车道，业务全球化快速向前飞奔。公司的快速成长，带给新员工巨大的自我成长机会。在高速发展过程中，员工都忙着抢市场，尽可能多地获得订单。就在这时候，任正非亲自主持召开了一次质量反思大会。

这次大会成为华为将质量定为核心战略的一个起点。质量体系的建设，是一个漫长、曲折的过程。我们以华为为例，对质量管理战略进行分析。

（一）第一阶段：流程对于质量的要求

2000 年，华为将目标锁定在 IBM，要向这家当时全球最大的 IT 企业学习管理，构建集成产品开发 IPD 流程和集成供应链 ISC 体系。

那时，印度软件业开始快速崛起，任正非认为软件的质量控制必须向印度学习。所以华为建立了印度研究所，将 CMM 软件能力成熟度模型引入华为。

IPD-CMM 是华为质量管理体系建设的第一个阶段。这也是华为国际化业务大幅增长的时期，IPD 和 CMM 是全球通用的语言体系，全球通用的语言使得客户可以理解华为的质量体系，并可以接受华为的产品与服务。

第一阶段帮助华为实现了基于流程来抓质量的过程。在生产过程中，人的不同会导致产品有很大的差异，而这套体系通过严格的业务流程来保证产品的一致性。

（二）第二阶段：标准对于质量的要求

随着华为的业务在欧洲大面积开展，新的问题出现了：欧洲国家多，运营商多，标准也多。在为不同的运营商服务时，需要仔细了解每一家的标准，再将标准信息返回到国内的设计、开发、生产制造环节。欧洲的客户认定供应商质量好不好，是有一套详细量化指标的，比如，接入的速度是多少，稳定运行时间是多少，等等。

每个国家用户的需求不同、政府监管要求不同、行业质量标准也不同，手机版本就必须针对不同国家做适配后再发布。经过多年的摸索，现在已经可以全球统一发布新款手机，而这完全基于这些年对于标准的摸索。

这是华为质量体系建设的第二个阶段，在磨炼的过程中，华为渐渐意识到标准对于质量管理的作用。随着欧洲业务成长起来的，是华为自己的一套"集大成的质量标准"。在这个阶段，在流程基础上，强化了标准对于质量的要求，通过量化指标让产品得到客户的认可。

（三）第三阶段：将质量变成一种文化

接下来，华为的开拓重点到了日本、韩国等市场，来自这些市场的客户的苛刻要求让华为对质量有了更深入的理解。在拓展欧美市场时，只要产品符合一定的达标率就可以满足客户要求，就被定义为好产品。但是相同的产品达标率到了日本就行不通，在日本客户看来，无论多低的缺陷率，只要有缺陷就有改进的空间。

"工匠精神""零缺陷""极致"，这些词时时折磨着华为的员工。在流程和标准之外，对质量还有更高的要求，这需要一个大的质量体系，更需要一个企业质量文化的建设。只有将质量变成一种文化，深入企业的每一根毛细血管，所有员工对质量有共同的认识，才可能向"零缺陷"推进。

2007 年 4 月，华为公司 70 多名中高级管理者召开了质量高级研讨会，以克劳士比"质量四项基本原则"（质量的定义、质量系统的核心、质量工作的标准、质量成本的衡量）为蓝本确立了华为的质量原则。会议后，克劳士比的著作 *Quality Is Free*（质量免费）在华为大卖，主管送下属，会议当礼品，这本冷门书居然在华为公司热得不行。

这是华为质量体系的第三个阶段，从这个时候开始，华为引入克劳士比的零缺陷理论，做全员质量管理，构建质量文化，要求每一个人在工作的时候，都要做到没有瑕疵。

（四）第四阶段：以客户为中心的闭环质量管理体系

客户的需求在变，没有一套质量体系是一成不变的。完成了流程、标准、文化的纬度建设，华为又遇到了新问题：如何让客户更满意。此时，卡诺的质量观成为华为学习的新方向。

日本的狩野博士（Noriaki Kano）定义了三个层次的用户需求：基本型需求、期望型需求和兴奋型需求，他是第一个将满意与不满意标准引入质量管理领域的质量管理大师。

基本型需求是顾客认为产品"必须有"的属性或功能，比如，手机的通话功能。当其特性不充足时，顾客会很不满意；当其特性充足时，客户就无所谓满意不满意。

期望型需求要求提供的产品或服务比较优秀，但并不是"必须有"的产品属性或服务行为，有些期望型需求连顾客都不太清楚，但是是他们希望得到的。

兴奋型需求要求提供给顾客一些完全出乎意料的产品属性或服务行为，使顾客感到惊喜。当其特性不充足，并且是无关紧要的特性时，顾客觉得无所谓；当产品提供了这类需求中的服务时，顾客就会对产品非常满意，从而提高顾客的忠诚度。

围绕客户满意度，华为的质量建设进入第四个阶段：以客户为中心的闭环质量管理体系。这就要求在基础质量零缺陷之外，还要更加重视用户的体验。也正因为这个以客户为中心的闭环质量管理体系，华为获得了"中国质量奖"。

从流程管理，到标准量化、质量文化和零缺陷管理，再到后来的以客户体验为导向的闭环，华为质量管理体系跟随客户的发展而逐渐完善，在这一过程中还特别借鉴了日本、德国的质量文化，与华为的实际相结合，建设尊重规则流程、一次把事情做对、持续改进的质量文化。

三、"深淘滩、低作堰"的商业模式

优秀的管理理论都是朴素的，正如钱锺书所说，真理都是赤裸裸的。

"深淘滩、低作堰"是李冰父子设计的都江堰的水利工程特征，"深淘滩"的意思是每年岁修的时候，要按照预定标准挖掘河内的淤泥，以容纳更多的河水。淘得过深，宝瓶口进水量偏大，会造成涝灾；淘得过浅，宝瓶口进水量不足，难以保证灌溉——李冰才在河床下埋石马，明代起改埋卧铁，作为深淘标志。

"低作堰"是指飞沙堰在施工时，堰顶应较低，以便泄洪排沙，起到"引水以灌田，分洪以减灾"的作用。

如果将"深淘滩、低作堰"应用于商业模式，同样能够起到作用。

深淘滩，就是不断地挖掘内部潜力，降低运作成本，为客户提供更有价值的服务。客户绝不肯为你的光鲜以及高额的福利，多付出一分钱。我们的任何渴望，除了用努力工作获得，别指望天上掉馅饼。企业短期的不理智的福利政策，就是饮鸩止渴。

在商业逻辑和经营管理上，"深淘滩"就是自我更新、自我约束、自我积累，类似于松下幸之助以及稻盛和夫倡导的"水库式经营"。在"深淘滩"层面的动作是向内求，挖掘内部潜力，降低内外交易成本，保持对未来的投入。

低作堰，就是节制自己的贪欲，自己留存的利润低一些，多让一些利给客户，以及善待上游供应商。将来的竞争就是一条产业链与一条产业链的竞争。从上游到下游的产业链的整体强健，就是其生存之本。物竞天择，适者生存——正如一场漫长的战争胜败，往往取决于后勤补给线。

"低作堰"就是保持定价合理，赚取合理利润，对抗暴利，这是企业"以客户为中心"理念在利益层面的贯彻，将短期利益和大部分利益让渡给客户，以此来保持长期获利和长期生存。

任正非说："我们从一个小公司脱胎而来，小公司的习气还残留在我们身上。我们的员工也受几十年来公司早期的习惯势力的影响，自己的思维与操作上还不能完全职业化。这些都是我们管理优化的阻力。什么是职业化，就是在同一时间、同样的条件，做同样的事的成本更低，这就是职业化。但在市场竞争里，对手优化了，你不优化，留给你的就是死亡。"

职业化是中国企业内部管理的瓶颈。衡量职业化程度的指标，是人均效率，这就好比李冰父子预埋的"卧铁"，"岁修淘滩要淘到卧铁为止"。持续地提升人均效率，就是深淘滩。

"思科在创新上的能力，爱立信在内部管理上的水平，我们现在还是远远赶不上的。我们要缩短这些差距，必须持续地改良我们的管理，不缩短差距、客户就会抛弃我们。"

"深淘滩、低作堰"是企业经营管理核心理念的象征表述，也是一种商业模式、商业逻辑的生动比喻。在高科技领域，要想打破全球著名厂商的垄断，合理的定价和利润就必须成为企业的不二之选，同时这也符合红海市场利润逐步下降的客观趋势。

而在蓝海市场，保持向内求，挖掘内部潜力，降低内外交困成本，保持对未来的投入，是抢占新兴赛道和建立竞争优势的战略性部署，有助于长期生存和长远发展。

四、将客户满意度作为衡量一切工作的准绳的理念

当企业进入高速发展阶段，组织规模不断扩大，大量新员工不断加入，由于新员工经验、技能不足，加上对服务理解得不深，在实际工作中往往就会出现很多问题，其结果就是增加了客户对其产品和服务的不信任，降低了客户的满意度。

如何改变这种局面？方法有以下几种。

（一）服务没有任何借口

客户满意度是衡量一切工作的准绳，因此，在服务过程中，团队应全力以赴，以满足客户的需求和期望。

"没有任何借口"的理念，强调了责任和担当，要求团队成员在面对困难和挑战时，不推诿、不抱怨，而是积极寻找解决问题的方法，并立即行动。始终以客户需求为导向，努力解决客户在使用过程中遇到的问题，提供及时、专业的支持。

所有的理由都不应该成为我们服务工作中推卸责任的借口，我们完全可以把服务工作做得更好一些以避免问题的发生。当然，没有借口并不是我们不需要去分析原因和根源，在服务完成后还是应该理性分析问题产生的根源，在今后的工作中加以改进和预防。

（二）把功劳让给客户，问题留给自己

把功劳让给客户，意思就是不管真正的功臣是谁，要让客户脸上增辉，只要客户高兴了，得到了认同与赞赏，他肯定不会忘记背后的我们。唯有如此，我们的客户满意度才能更上一层楼。

那么，把问题留给自己代表什么呢？

比如，当设备或工程问题出现时，我们不要急于去分析是谁的责任造成的，首先解决问题。只有当问题得到了快速解决，客户才会真正认可我们的服务，这时如果他们发现问题的真正原因在于他们自己，而我们却把它当成自己的问题来全力处理，这样的服务肯定会令客户感动的。

反过来，如果我们一味推卸责任，在问题没有搞清楚前就说这是客户的原因或者其他厂家设备原因造成的，这样给客户的印象就是在推卸责任。如果最后发现真正的原因在于我们自己，那么我们的服务品牌就毁于一旦了。

当然在解决问题过程中，如果原因确实在于客户或友商，我们还是可以以大量事实来向客户解释问题所在，并协助他们来解决，但在态度上我们一定要谦虚和积极主动，用心服务而不是为了服务而服务。正如海尔在"星级服务"中推出的两个理念：带走用户的烦恼，留下我们的真诚。

（三）对客户服务到底

如果客户买了一个钻头，可能因为没有钻孔机，或者没有电源，又或者不知如何使用钻头等而无法满足需求，我们就应该帮助客户去解决这些问题。

客户购买了我们的设备，是要用这套设备来满足他的需求并获得利润。我们的服务就是要帮助客户来实现他的目的。

因此，我们在客户服务中就应该看到客户最终的需求是什么，在工程与服务中把客户的事当成自己的事来做，最终满足他真正的需求。

在某国智能网工程中，由于与华为设备对接的 A 公司不愿派技术力量支持对接，工程一度陷入困境。但华为的工程师通过自学和多方寻求支援，帮助客户解决了 A 公司设备对接数据设置问题，使工程顺利完成，也赢得了客户对华为的高度认可。

所以在任何时候都要记住：客户的事，就是企业的事。客户不是买什么

具体的东西，而是买解决问题的办法，是买他们的期望。

（四）离客户越近，心里越踏实

任正非说："当设备有了故障，客户第一个打电话告诉的是我，说明我离客户最近，客户最信任的是我；当客户有了困难或者求助，他第一个想到的是找我来解决，说明我和客户的关系已经密不可分，不仅仅是合作伙伴，更是一种朋友和联盟的关系。"

"当我发现设备存在可能的隐患或者刚看到一篇非常有用的技术案例，我首先想到的是尽快通知客户，我相信客户一定把我当成知己和贴心人。所以我要说，离客户越近，心里越踏实。"

一个人和客户打交道越多越久，越能明白客户的需求，越能优先满足客户的期望。

第二节

企业的增长方式

一、长期有效增长

多年来，企业的增长是以销售额为导向的增长。在快速发展时期，这种增长方式无疑是可以理解的，正如房地产价格非常高的时候，谁购地越多，赚钱也就越多。只要抢到合同，肯定就能盈利，这就形成了以销售额为导向的文化。

但是，企业生产最主要的目标是服务客户获取利润。

任正非说："利润有近期的，有中长期的，有远期的。利润不是说今年收回来叫利润，再过十年收回来不叫利润，以利润为中心是企业管理改革一个很重要的东西。这个改变最终的结果是，公司在这个生存时期会比昨天生存得好一点，其实就好一点点，我们就活过来了。生与死之间可能就相差一秒钟两秒钟。"

"我们公司经营目标不能追求利润最大化，我们所有薪酬、经营的指导方针不能追求利润最大化。利润最大化实际上就是榨干未来，伤害了战略地位。"

经营结果必须稳健、均衡，才能够支撑起企业长期生存和发展。

"以生存为底线，实现有利润的增长、有现金流的利润，不重资产化"的经营目标是确定的，要坚持围绕这个目标开展未来的经营管理工作。

企业长期有效增长的价值创造，源于其独特的经营理念、战略选择和持续创新。在发展过程中，应不断提升企业的核心竞争力，如图 6-1 所示。

图 6-1 不断提升核心竞争力的方法

首先，坚持以客户满意度为衡量一切工作的准绳，这不仅是企业核心价值观的体现，也是实现长期增长的基础。客户的满意度直接决定了企业的生存和发展，因此，应始终将客户的需求放在首位，不断优化产品和服务，以赢得客户的信任和支持。这种客户导向的经营理念，使企业能够在激烈的市场竞争中保持领先地位，实现持续稳健的增长。

其次，在战略选择上具有前瞻性和创新性。企业应始终关注全球技术趋势和市场变化，通过制定科学的战略规划，不断调整和优化业务结构，以适应不断变化的市场环境。同时，还应注重激活组织活力，通过构建灵活高效的团队和激励机制，激发员工的创新精神和创造力，为企业的长期发展提供源源不断的动力。

最后，企业要在技术研发和创新方面增加投入。坚持自主研发，不断推出具有竞争力的新产品和解决方案，以满足客户的多元化需求。这种持续创新的精神，能够使企业在自身领域取得领先地位，为企业的长期增长提供有力支撑。

二、客户需求导向是产品发展的路标

客户是企业生存和发展的基石，因此应将客户需求作为一切工作的出发点和落脚点。无论是产品设计、市场定位还是服务理念，都坚持以客户为中心，企业通过深入了解客户需求，提供符合市场趋势和客户期望的产品和服务。这种客户导向战略不仅提升了客户满意度，也为其赢得了广阔的市场空间。

为了更好地满足客户需求，华为选择了走 IPD 变革之路。IPD 是一套端到端的产品管理方法论，旨在通过流程重整和结构化，将产品投资组合管理、客户需求驱动和产品开发有机集成在一起。通过实施 IPD，其确保了研发投资的有效性，提高了产品质量和开发效率，从而能够更好地满足客户需求并赢得市场竞争。

在 IPD 变革过程中，华为注重市场管理流程、IPD 流程以及需求管理流程的优化和整合。市场管理流程保证了其能够选择正确的市场机会和把握产品投资机会；IPD 流程为产品开发过程的规范、高效和产品质量提供了保障；需求管理流程则聚焦需求确认与实现，确保开发的产品与解决方案能够真正满足客户需求。

要让所有人理解 IPD、ISC 很难，尤其在新旧体制转换的时候，需要很大的协调量。有些员工，尤其是不善于协调的专家型人物因为接受不了这种协调量而离开了，这是可惜的。但是，企业最终走出了泥沼，有了良好的协调方法，IPD、ISC 的作用越发明显了。

（一）融入客户，理解需求

客户的需求是什么呢？没有调查就没有发言权，只有融入客户，才能理解他们的需求。

波音公司在777客机上是成功的。波音在设计777时，不是自己先设计一架飞机，而是把各大航空公司的采购主管纳入PDT（产品开发团队）中，由各采购主管讨论下一代飞机是怎样的，有什么需求，他们所有的思想就全部体现在设计中了。这就是产品路标，就是客户需求导向。产品路标不是自己画的，而是来自客户的。

在任何时候都不要忘记客户需求导向。

（二）把握节奏，坚持客户需求导向

产品开发中最大的问题，是简单的功能做不好，而复杂的东西做得很好。

为什么呢？因为过分追求技术的突破，就会忽视客户的需求。企业在产品研发上不能一味追求技术领先，在企业的运作发展上，也要把握好自己的节奏。

现在的新技术突破，只能作为一个参考，不一定会带来很好的商机。可是，对于一个具有良好组织体系的企业，如具有IPD、ISC流程的企业，当发现一个新技术影响到客户需求的时候，就可以马上把这个技术吸纳进来。因此说，流程也是一种保证。

（三）坚持理性的客户需求导向

客户需求导向，是指理性的、没有歧义、没有压力的导向，代表着市场的真理。有压力的、有歧变、有政策行为导致的需求，都不是真正的需求。

理性的客户需求导向意味着企业在追求满足客户需求的过程中，始终保持着冷静、客观和理性的态度。客户的需求是多种多样的，既有显性的、直接的需求，也有隐性的、间接的需求。因此，在深入了解客户需求时，不仅关注表面，更致力于挖掘背后的真实需求，从而提供更具针对性和价值的产品和服务。

未来，随着市场的不断变化和技术的不断进步，客户的需求也将不断升级和变化。坚持理性的客户需求导向，不断优化产品和服务，提升客户满意

度和忠诚度，能够为企业的长期发展奠定坚实的基础。

三、创新是不竭动力

创新是一个民族的灵魂，是一个国家兴旺发达的不竭动力。企业应自始至终以实现客户的价值观为经营管理的理念，围绕这个中心，为提升企业核心竞争力，进行不懈的技术创新与管理创新。

（一）不创新才是最大的风险

不创新才是企业面临的最大风险。在高科技行业，技术更新迭代迅速，市场需求日新月异。只有不断创新，企业才能跟上时代的步伐，满足客户的需求，保持竞争优势。企业如果停滞不前，满足于现有的产品和市场，那么很快就会被竞争对手超越，甚至面临生存危机。

创新是企业发展的核心动力。通过创新，企业可以开发出新的产品、技术和服务，拓展新的市场领域，实现可持续发展。标杆企业的成功，很大程度上得益于其持续的创新能力和对新技术、新应用的敏锐把握。

创新需要勇气和决心。创新往往伴随着风险和不确定性，需要企业敢于冒险、敢于尝试。标杆企业在创新过程中也遭遇过困难和挫折，但他们始终坚定信念，鼓励团队不断尝试、不断突破。正是这种敢于创新、敢于担当的精神，使他们能够在激烈的市场竞争中脱颖而出。

（二）客户需求和技术创新双轮驱动

应始终坚持客户需求和技术创新双轮驱动的发展策略，这一策略在华为等标杆企业的成长过程中起到了至关重要的作用。

2015 年，任正非在变革战略预备队第三期誓师典礼上说："现在我们是两个轮子在创新，一个是科学家的创新，他们关注技术，愿意怎么想就怎么想，但是他们不能左右应用。技术是否要投入使用，什么时候投入使用，我们要靠另一个轮子 Marketing（市场营销）。

"Marketing 不断地在听客户的声音，包括今天的需求，明天的需求，未来战略的需求，才能确定我们掌握的技术该怎么用，以及投入市场的准确时间。"

　　标杆企业将客户需求作为一切工作的出发点和落脚点。通过深入了解客户的真实需求，能够精准把握市场趋势，为客户提供符合其期望的产品和服务。这种客户导向的经营理念不仅提升了客户满意度，也为其赢得了广阔的市场空间。

　　标杆企业高度重视技术创新。作为一家高科技企业，它深知技术创新是企业发展的核心动力。因此，它在研发方面投入巨大，不断推出具有竞争力的新产品和解决方案。这些创新成果不仅满足了客户的需求，也助其树立了行业领先地位。

　　在客户需求和技术创新的双轮驱动下，标杆企业实现了持续稳健的发展。

（三）开放合作，一杯咖啡吸收宇宙能量

　　华为等标杆企业一直以来秉持开放合作的理念，强调与全球产业和生态伙伴的紧密合作，共同推动产业发展和创新。这种开放合作的态度，不仅为其带来了丰富的资源和机会，也促使其在全球市场上取得了巨大的成功。

　　任正非说，如果我们有了核心技术，却没有开放，就不会带来附加值，肯定没有大的效益。所以我们既要拥有核心技术又要走向开放，这样核心技术的作用才得到体现，开放周边能够使我们的核心价值再次得到升值。

　　"一杯咖啡吸收宇宙能量"是华为创始人所倡导的一种理念，它强调的是开放、交流与学习的重要性。鼓励员工与合作伙伴进行深入的交流和合作，通过分享知识、经验和资源，共同创造更大的价值。这种开放合作的态度，使其能够不断吸收新的思想和创意，推动企业的持续创新和发展。

　　在开放合作的基础上，华为与全球众多企业和机构建立了广泛的合作关系。这些合作涵盖了技术研发、产品开发、市场营销等多个领域，为其带来了更多的机会和资源。通过与合作伙伴的紧密合作，华为能够更好地了解市场需求和客户需求，提供更加精准和高效的产品和服务。

　　同时，华为也积极参与全球产业组织和开源社区的建设，推动产业的协同创新和健康发展。在多个产业组织中担任重要职位，与众多企业和机构共同制定行业标准、推动技术创新和产业升级。这种开放合作的态度，使得华

为能够更好地融入全球产业生态，与各方共同推动产业的繁荣和发展。

（四）鲜花插在牛粪上，在继承的基础上创新

"鲜花插在牛粪上"的理念，实际上是一种在继承与创新之间寻求平衡的智慧体现。这一理念强调在原有的基础上进行开放和创新，而不是盲目地追求新颖和独特。

标杆企业深刻理解并珍视继承的价值。在继承的基础上，不断吸收和整合过去的经验、技术和知识，形成了自己独特的技术体系和业务模式。这种继承不仅为其提供了坚实的基础，还为后续的创新提供了源源不断的动力。

同时，标杆企业也深知创新的重要性。在继承的基础上，不断推动技术创新、产品创新和市场创新，以适应不断变化的市场需求和客户需求。其研发团队致力于开发具有竞争力的新技术和新产品，以满足客户的期望和需求。

在华为的数字资产继承功能中，这种理念得到了很好的体现。华为不仅尊重和保护用户的数字资产，还通过创新的技术手段，实现了数字资产的安全、高效继承。这一功能不仅继承了传统继承方式的优点，还通过技术创新，解决了数字资产继承中的安全和隐私保护问题。

（五）创新要容得下失败，给创新以空间

所谓允许创新，还要提倡功过相抵。允许犯错误，允许在资源配置上有一定的灵活性，给其创新空间；如果不允许功过相抵，就没有人敢犯错误，就没有人敢去冒险，创新也就成了一句空话。

四、机会驱动发展

没有大的机遇就没有大的成功，优秀的企业都是时代的企业。当创业者看到一个市场机会的时候，他唯一要做的，就是扑上去，抓住它。发展中的企业犹如一只狼。狼有三大特性，一是敏锐的嗅觉，二是不屈不挠、奋不顾身的进攻精神，三是群体奋斗的意识。企业要扩张，必须具备狼的这三个特性。

这段话里面，包含了创业者的成功法则。比如所谓敏锐的嗅觉，其实指的就是要善于发现机会。

1997 年，天津电信的人提出"学生在校园里打电话很困难"，任正非发现这是个机会，于是紧急提出:"这是个金点子，立刻响应。"华为用了两个月就做出了 201 校园卡，推出后市场反应很热烈，很快便推向全国。实际上这项新业务只需要在交换机原本就有的 200 卡号功能上进行"一点点"技术创新就可以了，但就是这个小小的创新，使其在交换机市场中变劣势为优势，最终占据了 40% 的市场份额。

善于发现机会，敢于抓住机会，是标杆企业的一大特点。和一些稳扎稳打的企业不同，他们从创业到发展壮大，一直都不放弃任何机会。

创业初期，华为敏锐地发现数字程控机的市场机会，于是迅速跟进，研发出了 C&C08，获得了成功。后来，其在研制万门机的过程中，又发现光纤比电缆更优越，于是进行光纤技术开发，结果在市场竞争中迅速占了上风。这之后，又不失时机地发展 GSM 技术，开始抢占新市场。

1994 年，"村村通"计划提出，农村各地纷纷通电话。华为抓住这一时机，结合农村的实际情况，适时推出了 ETS450，一个基站覆盖方圆 7000 平方公里，能够绕过重重障碍，且成本低廉，质量有保证，迅速成为"村村通"工程的一个大供应商。

机会通常与风险共存。很少有企业敢看到机会就奋不顾身地扑上去。尤其是已经发展到一定规模的企业，对于他们来说，避免风险要比抓住机会更重要。但是对于创业企业来说，却无须有此种担忧。因为创业企业不同于大企业，大企业通常已经在行业内有了一定的地位，即使抓不住一两次机会，其地位也不会受到多大的影响。但创业企业不同，他们通常没有资金，没有技术，也没有什么影响力，机会对于他们来说可能就意味着生存，意味着能活下去。所以，创业企业更应该敢于抓住机会，而不是保守退缩——实际上，创业企业通常没有退缩的余地。

第三节
企业的发展方向

一、坚持"压强原则"，聚焦主航道

坦克重达几十吨，却可以在沙漠中行驶，原因是宽阔的履带分散了加在单位面积上的重量；钉子虽小，却可以穿透硬物，是因为它将冲击力集中在小小的尖上，二者的差别就在于后者的压强更大。同样的道理应用到企业战略上，就有了"压强原则"。

压强原则就是集中优势兵力，攻其一点。压强原则可以说是其打败竞争对手的制胜法宝，它为创业企业如何在处于劣势的情况下超越竞争对手提供了战略指导。

通常来说，创业者实力都比较弱，资金也很有限，往往无法像大企业那样通过多元化经营来分散风险。但是，创业者可以集中自身优势，通过选择能够发挥自身长处的市场机会进行专业化经营，提供自己擅长生产和经营的产品和服务，提高产品的竞争能力。

创业阶段，最怕的就是分散资源。有的创业者经不住诱惑，看到别的企业项目赚钱，就想着去分一块蛋糕，却没有想到自己正在做的项目如果做好了，也能赚到钱。还有的创业者不敢践行压强原则，他们害怕把所有的资源都集中到一个项目上风险太大，一旦项目失败会给企业带来倒闭的风险。

网络游戏服务商盛大公司，成立不久就遇上了网络泡沫的全面破灭。当时，国内、国外的互联网服务业一片萧条，大批互联网公司倒闭。侥幸活下来的互联网公司，也纷纷转行从事"网下"业务，并美其名曰"鼠标＋水泥"，企图依靠所谓"两条腿走路"的模式在网络寒冬中获得继续生存的机会。

盛大公司没有盲目转型。在对市场形势和产业环境进行冷静分析后，该公司认为自己的选择是正确的，于是就把所有的资源坚定地投入了网络游戏领域。经过辛勤不懈的耕耘之后，盛大终于获得了巨大的成就和惊人的业绩，并成为2003年亚洲增长速度最快的公司。而那些希望"两条腿走路"的公司，此时却无不偃旗息鼓，很多甚至已经破产倒闭。

华为的任正非说："我们有些产品虽然销售额不大，但对主航道有贡献，就是亏损也可以继续做；有的产品即使销售额大，我们也要看它对战略有没有意义，如果没有战略意义并只赚点钱，那我们就要清理。"

主航道就是大数据流量的管道战略，建设像太平洋一样宽的管道，这是其数据正态分布的中间的那一部分，这个市场超级大，绝对有饭吃，所以应坚定不移地对这个方向采取针尖战略，绝对不把战略资源浪费在非战略机会点上，只有让企业资源聚焦在主航道上"力出一孔，利出一孔"，才能取得先机，走进无人区。

压强原则就是找到了针尖之后，就坚定不移将全部的人财物资源压进去，突破阈值效应，取得成功，这是大企业的优势。小企业有灵活好调头的优势，但是他们受到的外部环境的冲击比较大，大企业的优势就是资源优势，一旦发现机会点，就会迅速占领市场。

二、构建开放、竞争、合作的商业生态环境

华为等标杆企业在构建开放、竞争、合作的商业生态环境方面，展现出了前瞻性的战略眼光和强大的执行力。这一策略不仅促进了其自身的快速发展，也为整个行业带来了积极的变革。

（一）企业始终坚持开放的原则

在全球化的今天，任何企业都难以孤立发展，开放合作成为行业进步的重要推动力。企业应积极参与全球产业合作，与全球伙伴共同推动技术创新和产业发展。通过开放源代码、共享技术成果等方式，鼓励更多的企业和个人参与到创新过程中来，共同推动行业的进步。

标杆企业深知在全球化背景下，闭门造车是不可取的，只有通过开放合作，吸收全球的智慧和资源，才能够在激烈的市场竞争中立于不败之地。

（二）竞争是商业环境中不可避免的一部分

竞争是商业环境中不可避免的一部分。为了在激烈的竞争中脱颖而出，应不断加强自身的研发实力，提升产品和服务的质量。同时，也要尊重竞争对手，遵守市场规则，通过公平、公正地竞争来赢得市场份额。这种健康的竞争环境不仅有助于企业自身的成长，也促进了整个行业的繁荣。

在应对竞争时，应注重以市场需求为导向，紧密关注行业动态和竞争对手的动向。通过深入市场调研，了解消费者的真实需求和期望，从而针对性地开发新产品、优化服务。同时，也积极关注竞争对手的创新和技术进展，以便及时调整自身战略，保持竞争优势。

（三）合作是企业构建商业生态环境的关键一环

企业应积极寻求与全球各地的合作伙伴建立紧密的合作关系，共同推动业务发展。实现资源共享、优势互补，共同应对市场挑战。这种合作模式不仅可以提升企业的市场竞争力，也为合作伙伴带来了实实在在的好处。

"我们一定要寻找更好的合作模式，实现共赢。研发还是比较开放的，但要更加开放，对内、对外都要开放。想一想我们走到今天多么不容易，我们要更多地吸收外界不同的思维方式，不停地碰撞，不要狭隘。"任正非曾这样对华为的员工说。

总的来说，华为等标杆企业通过构建开放、竞争、合作的商业生态环境，实现了自身的快速发展和行业地位的提升。这一策略不仅符合当今时代的发展潮流，也为整个行业的可持续发展提供了有力的支持。未来，随着技术的不断进步和市场的不断变化，他们将继续坚持这一策略，与全球伙伴共同创造更加美好的未来。

三、业务管理的指导原则

华为等标杆企业在业务管理方面，坚持一系列明确的指导原则，这些原则为企业的稳健发展和持续增长提供了有力的支撑。

（一）强调坚定不移的战略方向和灵活机动的战略战术

这意味着企业在制定业务战略时，既要有长远的目标和明确的方向，也要根据市场环境和竞争态势的变化,灵活调整战术,确保战略的有效实施。

无论是业务领域的选择和转换,还是竞争策略的组合和展开,以及竞争优势的形成和扩大,企业都应始终有清晰的认知、明确的方向和管理逻辑。这种战略导向确保了企业在面对市场变化时能够迅速做出反应,并始终保持领先地位。

(二) 注重抓主要矛盾和矛盾的主要方面

这是指在管理过程中,要能够洞察和辨别出影响业务发展的关键问题和核心矛盾,并集中精力加以解决。解决主要矛盾可以推动业务的整体发展。

首先,决策者要有清晰的战略方向,能够洞察和辨别出影响业务发展的关键问题和核心矛盾。战略方向的清晰性对于抓住主要矛盾至关重要,因为只有明确了目标和方向,才能有针对性地解决问题,推动业务的发展。标杆企业的领导层具备敏锐的洞察力和深厚的行业经验,能够准确把握市场趋势和竞争态势,制定出符合企业实际情况和发展需求的战略。

其次,能否抓住主要矛盾,关键在于是否有明确的战略目标。标杆企业在制定战略时,会结合自身的使命、愿景和价值观,以及市场环境、竞争态势等因素,制定出具有可操作性和可衡量性的目标。这些目标不仅为企业的业务发展提供了明确的指引,也为员工提供了努力的方向和动力。通过不断地围绕战略目标开展工作,企业能够集中资源、优化流程、提高效率,从而解决主要矛盾,推动业务的快速增长。

最后,抓主要矛盾还需要加强对共性化东西的归纳和规范。在业务管理中,标杆企业注重总结和提炼成功经验,形成标准化的操作流程和管理制度。通过对共性化东西的归纳和规范,能够降低管理成本、提高工作效率,同时也有助于培养员工的规范意识和执行力。这种归纳和规范的过程也是对主要矛盾和矛盾的主要方面进行深入分析和理解的过程,有助于企业更好地把握业务发展的关键点。

(三) 倡导乱中求治、治中求乱的管理理念

乱中求治意味着在变革和创新中寻求秩序和稳定,而治中求乱则鼓励在稳定的基础上不断寻求新的突破和发展。

企业需要不断适应外部环境的变化,通过内部调整和优化来保持活力和

竞争力。既要消耗掉企业多余的能量，打破平衡静止的企业超稳态，建立新的发展势能，也要保持开放性，为企业锻造出一个开放发展、与时俱进的技术和业务平台。

"乱中求治"强调在复杂多变的市场环境中，要保持清醒的头脑和稳健的步伐。精细化管理是其实现这一目标的重要手段。通过精细化管理，企业能够准确把握市场需求和竞争态势，优化资源配置，提高运营效率。这样，即使在快速扩张的过程中，也能保持组织的稳定和有序，避免陷入混乱。

同时，"治中求乱"则体现了其对创新和变革的追求。在稳定发展的基础上，企业不断打破旧有的平衡，寻求新的突破和扩张机会。这种勇于变革的精神使得其能够不断适应市场变化，保持领先地位。

四、未来的竞争是管理的竞争

未来的竞争本质上是管理的竞争。随着市场环境的不断变化和技术进步的日新月异，单纯依赖技术创新或市场拓展已难以维持长期的竞争优势。因此，企业未来的生存与发展，关键在于管理进步。

（一）企业从"必然王国"走向"自由王国"的关键也是管理

"必然王国"指的是企业在发展初期，受到各种外部条件和内部因素的制约，难以自由发展。而"自由王国"则是指企业通过优化管理，打破这些制约，实现自主创新和可持续发展。在这个过程中，管理发挥着至关重要的作用。

什么是企业自由的状态？任正非做了一个形象的比喻：火车从北京到广州沿着轨道走，而不走岔，这就是自由。实现企业的"无为而治"，达到自由的状态，就是要把这个技术密集、资金密集、人才密集的企业，变成一个能摆脱技术依赖、摆脱资金依赖、摆脱人才依赖的企业。任正非认为，摆脱上述三个依赖，走向自由王国的关键是管理。

要通过有效管理构建起一个平台，使技术、人才和资金发挥出最大的潜能。其中的关键就是机制与流程。只要机制和流程的建设是很好的，就能够极大地推动企业的进步，就能够"不废江河万古流"。

管理的最高境界是"无为而治"。这并不意味着管理者可以放任自流、无所作为，而是强调通过科学的管理制度和流程，使企业运行达到一种自我协调、自我发展的状态。在这种状态下，企业能够自主应对市场变化和挑战，实现自我优化和自我创新。

任正非曾说："两次创业最大的特点就是要否定个人权威，最主要、最核心的问题就是走向规范化、职业化，淡化我个人对公司产生的影响，改变过去个人说了算、一言九鼎的情况，使企业不因为企业家的离开而停止运作。正是否定之否定，才推动了社会历史的前进。如果没有后浪推前浪，没有新叶摧陈叶，没有否定之否定，这个社会就不能进步。

"在二次创业时，所有现任骨干都要努力担负起身上的重担，当你努力仍不能胜任岗位的时候，就希望你能主动让出这个职务，换到次要岗位上去，使公司前进步伐加快，而不是过分眷恋这个位置、利益、面子。特别是类似我这样的人要在第二次创业中逐渐下岗。只有加强个人权威的否定，加强自我否定精神，我们才能建立一个健康的组织，建立一个不依赖于任何人的组织。用机器取代人的管理，这样，当 IT 建立后，谁走了天都塌不了。"

企业能够留给后人的财富就是管理体系。一个健全、完善的管理体系不仅能够帮助企业应对当前的市场竞争和挑战，还能够为企业的长远发展奠定坚实基础。这种管理体系是企业宝贵的无形资产，能够为企业创造持久的竞争优势和可持续发展的动力。

（二）向管理要效益是企业实现持续发展的重要途径

通过提升管理水平，企业可以优化资源配置，降低运营成本，提高生产效率，从而增强市场竞争力。这种效益的提升不是简单地通过增加劳动强度来实现的，而是要减少无效工作，使员工的工作更加高效、精准。

为了提高效率，应注重精细化管理和流程优化。通过深入分析业务流程，找出其中的瓶颈和浪费环节，并进行有针对性的改进。同时，还应倡导员工之间的协作与沟通，打破部门壁垒，实现资源共享和信息互通，进一步提高整体运营效率。

此外，还应注重培养员工的管理意识和能力。通过培训和实践锻炼，使员工掌握先进的管理理念和方法，能够在实际工作中灵活运用，推动企业的管理进步和持续发展。

五、流程化组织建设是企业管理的目标

流程化组织建设以客户为导向，从客户中来到客户中去，这与传统的职能型组织以"上司"为导向有着显著的区别。流程化组织基于业务流程来分配权力、资源和责任，而非仅根据职能分工。这种组织形式信奉"流程决定组织，调整组织以适应流程"的原则，从而提高了企业的运营效率和响应市场变化的能力。

为了实现流程化组织建设，标杆企业进行了一系列的组织改革。

企业强调建设从客户中来、到客户中去的流程化组织。这意味着企业的流程设计和管理要紧密围绕客户需求进行，确保从客户需求的发现、满足到反馈都能形成一个闭环。这种流程化组织建设有助于企业更好地理解和满足客户需求，提升客户满意度和忠诚度。

企业致力于建立"推拉结合，以拉为主"的流程化组织和运作体系。在这一体系中，"推"指的是企业内部驱动的力量，而"拉"则代表市场和客户的牵引力。通过以市场和客户需求为导向，结合企业内部资源和能力，企业能够形成有效的驱动力，推动企业的持续发展和创新。

此外，企业还注重从以功能为中心向以项目为中心转变。传统的功能型组织往往注重部门间的分工和协作，而项目型组织则更加关注跨部门的协作和项目的整体推进。这种转变有助于打破部门壁垒，提高团队协作效率，更好地应对复杂多变的市场环境。

企业在管理体系建设方面坚持简单、实用、灵活的原则。这意味着管理体系要尽可能简化，避免过度复杂和烦琐；同时，要确保管理体系的实用性和有效性，能够真正为企业带来价值；此外，管理体系还要具备一定的灵活性，能够适应企业内外部环境的变化。

六、均衡发展，避免"短板效应"

管理学上有一个著名的"木桶理论"，讲的是一个木桶能盛下多少水，不是由组成木桶壁最长的一块木板决定的，而是由最短的一块木板决定的。根据这一核心内容，"木桶理论"还有两个推论：其一，只有桶壁上的所有木板都足够高，那木桶才能盛满水；其二，只要这个木桶里有一块木板不够高，

木桶里的水就不可能是满的。每一个企业都会有自己的短板，所以作为管理者应该注意管理的每一个细节，及时发现自己的短板，一旦发现了短板就应该不遗余力地补足它。

任正非在《北国之春》中说："组织结构不均衡，是低效率的运作结构。就像一个桶装水多少取决于最短的一块木板一样，不均衡的地方就是流程的瓶颈。"

在《华为的冬天》中，他说："在管理改进中，一定要强调改进我们木板最短的那一块。为什么要解决短木板呢？公司从上到下都重视研发、营销，但不重视理货系统、中央收发系统、出纳系统、订单系统等很多系统。这些不被重视的系统就是短木板，前面干得再好，后面发不出货，还是等于没干。因此全公司一定要建立起统一的价值评价体系、统一的考评体系，才能够使人员在内部良性流动成为可能。比如，有人说我搞研发创新很厉害，但创新的价值如何体现，创新必须通过转化变成商品，才能产生价值。我们重视技术、重视营销，这一点我并不反对，但每一个链条都是很重要的。"

一个企业好比一个大木桶，企业中的每一个员工都是组成这个大木桶的不可或缺的一块木板。同样的道理，企业的成功往往不只取决于某几个人的超群和突出，更取决于它的整体状况，取决于它不存在某些突出的薄弱环节。从它的前期来看，企业的重点是经营，先存活后发展，这是必然的道理。特别是像华为这样的高科技公司，要壮大就必须将企业的效益放在第一顺位。不过，几年后，华为就依据企业状况转换了战略重点，通过引进世界一流企业的管理体系来强化内部的管理。

七、"从客户中来，到客户中去"策略

标杆企业对以客户为中心的理解已经升级为 2.0 版本，不只是满足客户的需求（当前需求和潜在、未来需求），更是通过自己对行业的理解和洞察，为客户提供解决方案、领先的产品服务，甚至是代运营、代维护，和客户深度绑定在一起，促进客户的可持续高速发展，从而实现其自己的可持续、高质量发展，如图 6-2 所示。

在以客户为中心 1.0 时代，只要把产品做到足够好就能够赢得客户信任，

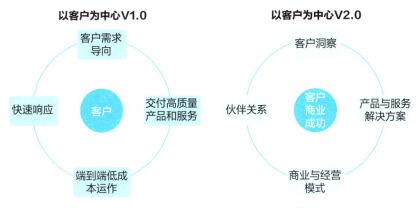

图 6-2　"以客户为中心" 1.0 到 2.0 版本

但是在 2.0 时代，还要做到更好、做得更多，有一条基本的原则：所有的流程、组织和经营管理体系的建设原则都是以客户为中心，对标客户、贴近客户、匹配客户，如图 6-3 所示。

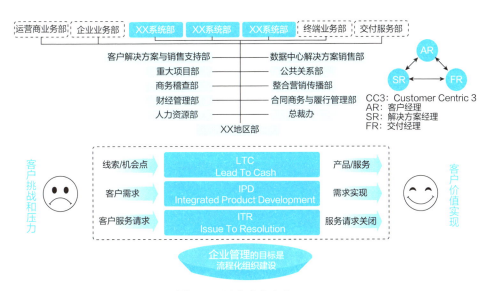

图 6-3　以客户为中心 2.0

图 6-3 中，从客户中来到客户中去，端到端地满足客户需求，其中 LTC、IPD、ITR 就是其企业经营最基本的三个业务主流程，其他流程都是使能流程或支撑流程。

八、致力于打造数字化全连接企业

华为等标杆企业作为全球领先的科技企业，致力于打造数字化全连接企业，通过技术创新和数字化转型，实现更高效、更智能的运营和管理。在这一过程中，充分理解并实践了"要想富，先修路"的理念，把 IT 系统建设作为企业发展的基础设施，用长远的眼光和结构性思维来规划和实施。

他们强调用互联网方式打通全流程，降低内外交易成本。通过数字化手段，实现企业内部和外部的互联互通，优化业务流程，提高协同效率，从而有效降低交易成本，提升企业的市场竞争力。

同时，他们深知数据作为企业核心资产的重要性。在数字化转型过程中，注重数据的准确性和高效性，确保数据能够准确、快速地传递，支撑企业的管理可视化。流程通最根本是数据要通，只有数据流通无阻，才能实现端到端的流程优化和管理提升。

基于数据和事实进行科学管理是其数字化转型的核心原则。重视数据录入工作，保证数据的准确性，并通过信息化手段提高数据流转速度，确保数据能够及时、准确地支持决策和管理。

此外，信息安全也是数字化转型中不可忽视的一环。信息安全关系到企业的生死存亡，应始终把网络安全和隐私保护作为企业最高原则，坚持投入，开放透明，全面提升软件工程能力与实践，构筑网络韧性，打造可信的高质量产品，保障网络稳定运行和业务连续性。

第七章
组织架构
战略组织化，实现企业的长远发展

企业创始人不安于小打小闹，追求温饱。企业在学会走路之后，开始锻炼跑步，向冠军努力。这样宏伟的战略目标靠创始人自己是完成不了的，一个好汉三个帮，要先组建一个班子，招募贤士，才能打下市场。

企业战略需要与组织架构相适应。组织架构是企业内部的组织形式和职能分配，是实现企业战略的关键。本章以华为的组织架构为例，详解战略组织化的重要性。

第一节

管理层级与 CBG 模式

一、管理层级

华为等标杆企业的管理层级有四层。

第一层：董事会（董事长、轮值董事长、董事等）。

第二层：消管会（消费者业务管理委员会），CBG（消费者业务集团）的权力中心，有十三个席位，集团七人+CBG 六人。

第三层：CBG 经营中心，负责 CBG 业务日常经营、合规、市场品牌及用户体验提升，决策机构是 CBG EMT 会议。

第四层：CBG 区域组织，负责 CBG 各区域日常经营、决策与组织管理。

二、CBG 模式的权力划分

CBG 模式的权力交割，很有新意，比如，现在的权力都是临时性的，一年后根据运营结果，再优化真正的制度，又比如，权力是有前提和目标的，不能出现负向事件。

其中，总部与 CBG 主要权力划分，如图 7-1 所示。

战略权：总部具有战略审批权、业务范围划分权，CBG 负责战略制定与执行。

品牌权：总部负责整体品牌，CBG 负责产品品牌和市场品牌。

人才权：总部负责高层骨干与梯队建设，CBG 负责其他骨干的管理。

财务权：总部独享资金、账务、审计垂直集权管理，并负责财经政策

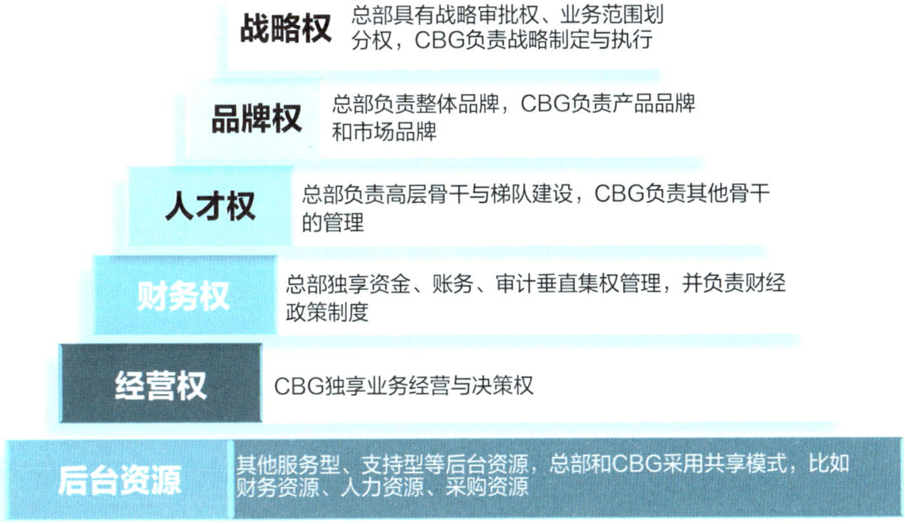

战略权 总部具有战略审批权、业务范围划分权，CBG负责战略制定与执行

品牌权 总部负责整体品牌，CBG负责产品品牌和市场品牌

人才权 总部负责高层骨干与梯队建设，CBG负责其他骨干的管理

财务权 总部独享资金、账务、审计垂直集权管理，并负责财经政策制度

经营权 CBG独享业务经营与决策权

后台资源 其他服务型、支持型等后台资源，总部和CBG采用共享模式，比如财务资源、人力资源、采购资源

图 7-1　总部与 CBG 主要权力划分

制度。

经营权：CBG 独享业务经营与决策权。

其他服务型、支持型等后台资源，总部和 CBG 采用共享模式，比如，财务资源、人力资源、采购资源。

三、CBG 的五个关键角色

华为的 CBG 独立后，总共定义了五个关键角色，如图 7-2 所示。

（一）华为总部下派的两个角色

（1）BG Controller：作为中央集权（账务、资金）特派代表，独立向董事会和消管会报告，主要抓手是财报内控，参与 BG EMT、各级业务管理会议。

（2）BG 监管副总裁：代表公司对 CBG 骨干团队进行平行监督，负责价值观一致性，并负责风险管理与合规管理。

总部的两个角色，一个像真正的 CFO，一个像 CHO。管理原则是"分权制衡""隔层管理、两层审结"。

（二）CBG 独享的三个关键角色

（1）BG CEO：骨干管理、组织建设、消费者 BG IRB（投资评审委员

华为总部下派的两个角色	**BG Controller**	作为中央集权（账务、资金）特派代表，独立向董事会和消管会报告，主要抓手是财报内控，参与BG EMT、各级业务管理会议
	BG 监管副总裁	代表公司对CBG骨干团队进行平行监督，负责价值观一致性，并负责风险管理与合规管理
CBG独享的三个关键角色	**BG CEO**	骨干管理、组织建设、消费者BG IRB、EMT会议等
	BG CFO	计划管理、预算与费用管理、经营预测与分析等
	BG COO	生产采购管理、MKT与服务采购管理、计划管理与客户交付管理
管理角色		自主经营决策+总部特派内控。华为CBG独立后，总共定义了五个关键角色

图 7-2　华为 CBG 五个关键角色

会）、EMT 会议等；

（2）BG CFO：计划管理、预算与费用管理、经营预测与分析等；

（3）BG COO：生产采购管理、MKT（市场营销）与服务采购管理、计划管理与客户交付管理。

第二节

TUP 与粮食包

一、TUP（时间单位计划）

华为 TUP（Time Unit Plan），即"时间单位计划"，是华为于 2013 年底出台的员工持股计划，也可理解为一种奖励期权计划。这是一种虚拟股权激励计划，与传统的员工持股计划相比，员工无须个人花钱购买即可获得相应的增值权和分红权。

每年分配 TUP 的依据主要来源于配股饱和度、员工的个人绩效以及所在部门绩效。TUP 的本质是一种特殊的奖金，基于员工的历史贡献和未来发展前途来确定长期但非永久的奖金分配权力。这种激励模式属于中长期激励，相当于预先授予员工一个获取收益的权利，但收益需要在未来几年逐步兑现，也可以与业绩挂钩。

TUP 与股票不属于同一类别，因此不受诸如《中华人民共和国证券法》之类的政策和法律法规限制，操作更为灵活。这种激励模式有助于激发员工的工作积极性和创造力，促进企业的长期发展。CBG 的核心目标是聚焦经营结果，绩效目标非常简练：一是正向指标，70%业绩指标+30%管理指标；二是负项指标，重大负向事件和存货风险。

业绩指标：可以量化的指标，比如，以三年收入达到 1000 亿美元、五年达到 1500 亿美元、年度税前利润率不低于预定目标值为经营目标。

管理指标：内容不太容易量化，比如，用户体验、市场品牌和组织能力，如表 7-1 所示。

表 7-1　华为 CBG 的管理指标

维度	权重	考核项
当期经营结果	70%	增长：销售收入
		盈利：贡献利润率
		现金流
不易量化成果	30%	质量与用户体验
		消费者市场品牌
		组织能力
风险管理	扣分项	内规：按成熟度和重大负向事件；外规：按重大负向事件
		存货风险控制

华为创新性地提出了粮食包概念。初衷就是希望员工不用担心资源调配和薪酬回报问题，公司早就想好了。粮食包主要包含奖金和工资性薪酬包、离家补助、艰苦补助等薪酬激励项目。

二、华为 CBG 粮食包管理高阶方案

（一）粮食包总体方案

年度粮食包按照一个总包授予 CBG，包含工资性薪酬包和奖金包。

奖金包内的 10%~15% 奖金用作战略奖金，与考核中的不易量化成果考核要求相挂钩，以牵引 CBG 自身对于中长期业务发展基础的投入。

工资性薪酬包 = 粮食包 – 奖金包。工资性薪酬包可分为日常运营薪酬包和战略薪酬包。战略薪酬包主要用于 CBG 对于未来业务竞争力的投入，采用节约不归己的模式。日常运营薪酬包可采用节约归己的机制，以牵引人均效率的持续提升；人均效率提升产生的日常运营薪酬包节约，可转换为其当年的经营性奖金。

（二）粮食包生成的主要依据

粮食包生成的主要依据，如图 7-3 所示。

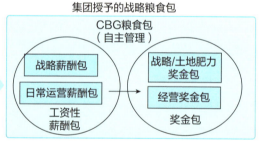

图 7-3　粮食包生成的主要依据

基于历史延长线——CBG 最近三年的销售毛利润系数延长线和贡献利润系数延长线，叠加相应权重后，结合当年 CBG 经营业绩预测，测算形成当年粮食包。

确因集团战略需求而要求消费者 BG 开展的业务，集团应授予相应的战略粮食包，以对应 CBG 增加人员投入的薪酬激励需要。

（三）粮食包计算的主要逻辑

基于历史延长线和本年度的销售毛利润、奖金 TUP 前贡献利润计算粮食包，如图 7-4 所示。

粮食包=（ 销售毛利×毛利系数×权重1+奖金 TUP 前贡献利润×利润系数×权重2 ）+集团授予的
战略粮食包

- 毛利润系数＝$50\% \times \left(\dfrac{薪酬总包}{销售毛利}\right)_{year-1} + 30\% \times \left(\dfrac{薪酬总包}{销售毛利}\right)_{year-2} + 20\% \times \left(\dfrac{薪酬总包}{销售毛利}\right)_{year-3}$

- 利润系数＝$50\% \times \left(\dfrac{薪酬总包}{奖金 TUP 的贡献利润}\right)_{year-1} + 30\% \times \left(\dfrac{薪酬总包}{奖金 TUP 的贡献利润}\right)_{year-2} + 20\% \times$

$\left(\dfrac{薪酬总包}{奖金 TUP 的贡献利润}\right)_{year-3}$

图 7-4　粮食包计算公式

毛利润系数和利润系数的产生逻辑：基于过去三年每年的薪酬总包、销售毛利润和奖金 TUP 前贡献利润之间的比值，结合年度影响权重，确定毛利润系数和利润系数。考虑到过去三年对本年度业绩影响的差异，过去三年的年度影响权重由近及远取值为 50%、30% 和 20%。

为牵引 CBG 快速规模发展，在最终形成粮食包的计算中，销售毛利润权重（权重 1）取值 60%；奖金 TUP 前贡献利润权重（权重 2）取值 40%。

第三节

人才管理

对于企业来说，企业的战略和目标确定了以后，各级骨干就是决定战略能否落地的关键因素，是各级骨干带领团队，把团队目标实现，最终支撑着企业的战略目标落地的。

在华为，企业的各级管理者非常重要。其阶段性成功的两大关键，是战略和组织能力。战略的核心是骨干制定出来的，组织能力是骨干来承载的。

企业对骨干的要求是什么？

骨干管理的总体目标为，以业务战略为牵引，以骨干标准为依据，以 AT（Administration Team，行政管理团队）运作为基础，以后备骨干总队为支撑，通过资源池管理、任用管理和在岗管理等三个环节，完成骨干的选拔、任用、评价、发展和监察，为业务发展持续提供合格骨干。

华为通过以下七个步骤管理好人才，即著名的"华为管理七部曲"。

一、明确使命与责任

"明确使命和责任"是人才管理的首要问题。具体而言，要重点做的有四项工作，如图7-5所示。

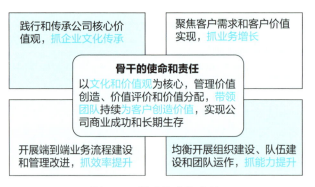

图 7-5　明确使命和责任

"使命与责任"有十八个字：方向、路径、节奏；长期、有效、增长；发展、变革、稳定。

在拓展新的业务和维护已有业务的时候，我们需要骨干具备什么样的意识，有什么样的能力？

第一，有清晰的工作方向，抓主要矛盾。记住六个字：方向、路径、节奏。方向确定，找到路径之后，要抓住路径中的主要矛盾和矛盾的主要方面，去控制节奏——在不断改良中前进。

第二，站在全局立场，不断改进端到端的业务流程。采用"以客户为中心，以生存为底线"的管理体系，围绕这个核心要持续地改进改良。小改进，大奖励；大建议，大鼓励。以重在行动和效果的做法，对整个体系进行改进。

同时，塑造骨干的职业化，加强职业化管理，降低内部动作成本；加强组织的流程化、标准化。企业管理的目标是流程化组织建设，最终形成无生命的管理体系。

第三，骨干要担负起企业文化价值观的传承。接班人必须认同企业的核心价值观，并具有自我批判精神。在选择骨干的过程中，只有用价值观来约束和塑造，才能让整个骨干队伍真正长治久安，让企业能够长治久安。

文化价值观的传承，体现为接班人必须认同企业文化的核心价值观，并具有自我批判精神。接班人是广义的，是每件事、每个岗位、每条流程发生的交替行为，各个岗位都有接班人。

企业的核心竞争力，就是基于对核心价值观的认同与骨干队伍前仆后继的奋斗。

第四，洞察客户需求，捕捉商业机会，抓业务增长。在洞察客户需求和捕捉商业机会的过程中，记住六个字：长期、有效、增长，如图7-6所示。

华为从规模增长到长期有效增长，是公司现实获利能力和未来潜在获利机会的综合表现

图7-6　从规模增长到长期有效增长

短期利益只有转化为长期利益，企业长期生存才有基础。有增长，才能吸引和保留人才，获得外部资源的整合力，消化社会成本的增长。

同时，还要有效增长，因为粗放经营不可持续，必须强调有质量、有内涵的增长，而财务结果是衡量有效性的基本标准。

第五，抓组织能力提升，确保以客户需求为中心的战略得以落实。

企业要"活下去"，骨干要以六个字为核心来做到纲举目张，即"发展、

变革、稳定"：发展是变革的动力；变革为稳定注入新的活力；稳定是发展的
前提。三者形成一个自循环的系统，如图 7-7 所示。

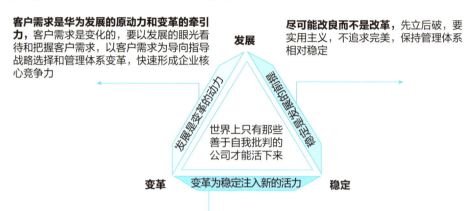

客户需求是华为发展的原动力和变革的牵引力，客户需求是变化的，要以发展的眼光看待和把握客户需求，以客户需求为导向指导战略选择和管理体系变革，快速形成企业核心竞争力

尽可能改良而不是改革，先立后破，要实用主义，不追求完美，保持管理体系相对稳定

发展

发展是变革的动力

稳定是发展的前提

世界上只有那些善于自我批判的公司才能活下来

变革 　变革为稳定注入新的活力　 稳定

乱中求治，治中求乱，公司运作是一种耗散结构，在稳定与不稳定、平衡与不平衡间交替进行，保持公司活力

图 7-7　抓组织能力提升的自循环系统

BLM（Business Leadership Model）是一个用于战略制定与执行连接的方
法，如图 7-8 所示。

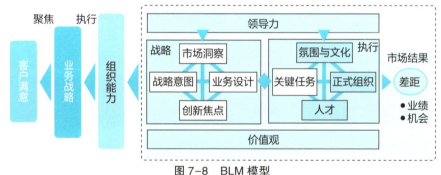

聚焦　执行

客户满意　业务战略　组织能力

领导力

战略　市场洞察

战略意图　业务设计

创新焦点

执行

氛围与文化

关键任务　正式组织

人才

市场结果

差距

● 业绩
● 机会

价值观

图 7-8　BLM 模型

　　业务战略必须落实到以组织、人才、文化氛围为关键支撑的执行举措上，
打造强大的组织能力，有效落实以满足客户需求为核心的业务战略，已经成
为业务战略的有机组成部分，是每一个骨干必须具备的执行能力。

二、建立骨干标准

在持续取得高绩效的过程中，可以用三句话来认知"骨干四力"对不同层级的骨干偏重的要求：高级骨干要有决断力和人际衔接力；中层骨干要有理解力；基层骨干要有执行力。

"骨干四力"是持续取得高绩效的关键行为，如图 7-9 所示。

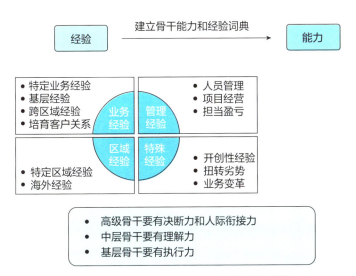

图 7-9 "骨干四力"是持续取得高绩效的关键行为

三、骨干任用程序

骨干任命有两种形式：年度骨干任用决策和日常任命决策。骨干任用的评价要素是岗位要求和骨干标准，如图 7-10 所示。

四、骨干能力发展

骨干"之"字形能力发展，是骨干管理的核心中的核心。如图 7-11 所示。

每个节点上骨干所需要的主要素质、品质都标在图中了。每个骨干都是这么发展出来的。

- 年度骨干任用决策和日常任命决策是骨干任命的两种形式
- 骨干任用的评价要素是岗位要求和骨干标准
- 骨干任用流程：三权分立

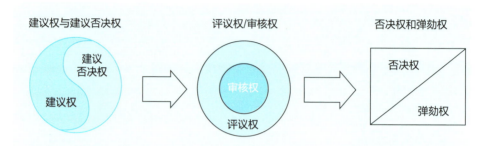

建议权与建议否决权　　　　**评议权/审核权**　　　　**否决权和弹劾权**

- 负责日常直接管辖的组织具有**建议权**
- 属于矩阵管理的相关管理部门具有**建议否决权**

- 促进公司过程成长中能力建设与提升的组织具有**评议权**
- 代表日常行政管辖的上级组织具有**审核权**

- 代表公司全流程运作要求、全局性经营利益和长期发展的组织应具有**否决权和弹劾权**

图 7-10　骨干任用程序

分层分类的学习发展项目

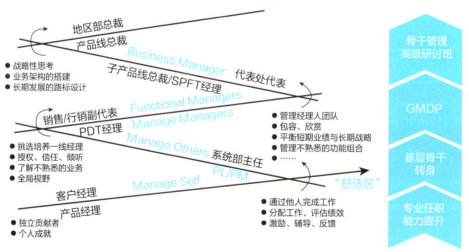

图 7-11　骨干"之"字形能力发展

五、骨干评价与激励

骨干评价和激励的四个方面，如图 7-12 所示。

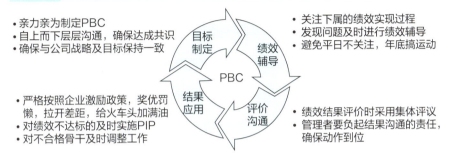

骨干评价

- 分层分级考核：高层关注长期目标；中高层兼顾中长期目标的达成和规划的落实；中基层员工关注短期目标和过程行为的规范
- 责任结果和关键行为过程考核：正向考绩，逆向考事
- 绩效改进强调自己跟自己比：坚持述职报告制度，坚持通过比较制度考核和识别骨干

- 亲力亲为制定PBC
- 自上而下层层沟通，确保达成共识
- 确保与公司战略及目标保持一致

目标制定

绩效辅导

- 关注下属的绩效实现过程
- 发现问题及时进行绩效辅导
- 避免平日不关注，年底搞运动

PBC

结果应用

评价沟通

- 严格按照企业激励政策，奖优罚懒，拉开差距，给火车头加满油
- 对绩效不达标的及时实施PIP
- 对不合格骨干及时调整工作

- 绩效结果评价时采用集体评议
- 管理者要负起结果沟通的责任，确保动作到位

图 7-12　骨干评价和激励

第一，目标制定。这方面的关注点包括：亲力亲为制定 PBC；自上而下层层沟通，确保达成共识；确保与公司战略及目标保持一致。

第二，绩效辅导。包括：关注下属的绩效实施过程；发现问题及时进行绩效辅导；避免平日不关注，年底搞运动。辅导的过程是非常重要的。每一个人管人都不是天生就有经验，企业的高层也需要外面的部门来进行辅导。

第三，评价沟通。对于绩效结果的评价要在集体中进行，管理者要对结果负责。

第四，结果应用。主要分为：严格按照企业激励政策，奖优罚懒，拉开差距，给火车头加满油；对绩效不达标的及时实施 PIP（绩效改进计划）；对不合格骨干及时调整工作。

华为公司年底考评打 A 的人，平均奖金是考核 B 级的 2~3 倍。

同一个项目组，别人考评打了 A，奖金是 30 万元，我考评 B，奖金可能是 8 万元，我和别人晒着一样的太阳，吃着一样的饭，做着一样的项目，别人很快换车了、买房了，凭什么？

这就是有依据地把激励拉开差距，不能吃大锅饭。如果吃大锅饭，你为什么要那么努力呢？

在一个团队里面，我们做过测算，一半的贡献是靠15%的人做出来的。你愿意干活，那考评结果中一定要体现。那些非常核心的人，一定要给他激励到位。

骨干末位淘汰，如图7-13所示。

骨干末位淘汰	• 中高层管理者年底目标完成率低于80%的，正职降为副职或予以免职 • 年度PBC完成差的最后10%要降职和调整，且正职免职后不能提拔副职为正职 • 每个层级不合格骨干的末位淘汰率要达到10%，对未完成年度任务的部门或团队，比例还可以进一步提高 • 已经降职的骨干，一年内不准提拔使用，更不能跨部门提拔使用 • 关键事件评价不合格的骨干也不得提拔或要降职

• 调整节奏：静水潜流，持续、例行开展。不能平时不关注、年底搞运动
• 调整方法：不合格干部调整要以事实为依据，分层分级进行
• 各部门自查自纠，人力资源部不定期稽核，对于出现问题的将对相关责任人问责

图7-13　骨干末位淘汰

骨干的激励也罢，评价也罢，都要客观。绩效结果评价时采用集体评议，管理者负起结果沟通的责任，确保动作到位。年初给你定了这个目标，年底没有达成，一定要问责，不能搞成口号式的。

六、骨干梯队建设和后备骨干培养

骨干梯队建设和后备骨干培养可以用十六个字来概括：以岗定级，以级定薪，人岗匹配，易岗易薪。

七、骨干监察

在整个监察的过程中，要以企业核心价值观为基础，建工作作风；以道德遵从规范为标准，树生活作风。

骨干监察机制——自我约束和制度约束两手抓，如图7-14所示。

让你来管这个业务，是要赢竞争对手，为企业拿回来更多价值。你说你多么辛苦，多么劳累，如果最后没有结果那都是没有用的。我们也认苦劳，

骨干日常行为监察范围
- 道德遵从：弄虚作假、拉帮结派、以权谋私、捂盖子等
- 工作作风：牢骚满腹，简单粗暴，一唬二凶三骂人
- 生活作风：经济违规如贪污腐败、私费公报等
- 其他违规：打架、赌博、炒股、信息安全等

弹劾否决原则：惩前毖后,治病救人
- 要否决不合格骨干,起到威慑作用
- 弹劾否决不是目的，重在教育和帮助骨干
- 不能"一俊遮百丑"，也不能"一丑遮百俊"

图 7-14　骨干监察机制

但是必须有结果。否则让一个人持续不断地在奋斗，却没有产生结果的话，我们就要质疑是不是在选拔骨干的时候出了问题。

如果你想让你的企业人才辈出，不断产生骨干，就要用这一套机制不断进行识别、培养、训练和发展。

第四节

华为的组织变迁

华为发展的这三十余年历程，大致划分为以下四个阶段。

一、第一阶段：1987—1994 年

第一阶段主题词：活下去。

关键词：从直线制到职能制，从野蛮生长到趋向规范。

1987 年，任正非与五位合伙人共同出资 2 万元成立了华为。创业初期的它只是转售他人设备，人员数量较少，只有六个人，部门功能单一，通过直

线制管理。

到了 1991 年，企业增加到了 20 几人，这时的组织结构，仍是非常简单的中小企业普遍采用的直线型组织结构，所有员工都是直接向任正非汇报。

直到 1992 年，其销售规模突破亿元大关，员工人数也达到 200 人左右。组织结构开始从直线型的组织结构转变为直线职能制的组织结构，除了有业务流程部门，例如研发、市场销售、制造，也有了支撑流程部门，例如，财经、行政管理等。

这一时期，其在产品开发战略上主要采取的是跟随战略，先是代理香港公司的产品，随后逐渐演变为自主开发产品的集中化战略。其努力追赶 2G 通信技术发展的末班车，研发能力缺乏积淀，技术支持能力刚刚起步，自身的产品种类不全、功能有限；在市场竞争战略上采取单一产品的持续开发与生产，通过低成本的销售策略迅速抢占市场，扩大市场占有率，也扩大了企业的规模。

二、第二阶段：1995—2003 年

第二阶段主题词：走出混沌。

关键词：从职能制到二维矩阵式，由混沌发展到规范建立。

从野蛮生长，到逐步定义内部的做事"原则"，包括 ISO9000 质量体系、成立 QCC 小组搞品管圈全员改进、狼狈组织计划、市场部集体大辞职等；最主要的是华为请人大教授编制了其内部章程，这实际上比较系统地定义了华为的"事业理论"。

华为在 1995 年，开始在北京成立研究所；到了 1996 年，又开始广泛进入国际市场。随着华为的战略发生着巨大的变化，组织结构也在进行调整，部门名称趋于规范化，如图 7-15 所示。

至 1995 年，华为公司的销售规模也已经达到 15 亿元人民币，员工数量也达到 800 人。

从 1998 年开始，华为聘请 IBM 咨询顾问对企业进行流程改造项目（主要内容涵盖集成产品开发 IPD、集成供应链 ISC、客户关系管理 CRM），到 2003 年，该项目获得了很大的成功，其组织结构也跟随这些变化进行了相应的调整。

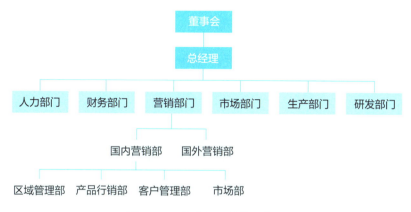

图 7-15　华为组织结构规范化

这一时期，华为原有的组织结构的优势已经变成其发展的障碍，劣势日益突出。一方面，管理者负担变得越来越重，部门之间的协调也很困难；另一方面，华为的员工数量也急速增加，到 1998 年，员工总数已经接近 8000人，销售规模接近 90 亿元，如果还沿用原有的组织结构进行管理，必然制约公司的进一步发展。因此，在此基础上，其在不断进行的管理变革工作中，开始进行组织结构的调整，从划小经营单位开始，建立了事业部制与地区部相结合的二维矩阵式的组织结构，如图 7-16 所示。

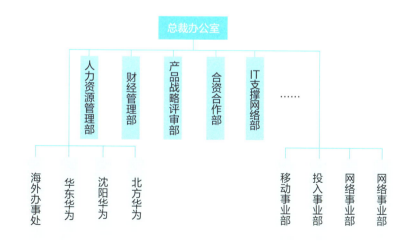

图 7-16　华为二维矩阵式的组织结构

该组织结构是一个矩阵型的组织结构。其中，事业部的职能主要体现在两个方面：一是在企业领导充分授权下，拥有完全独立的经营自主权，实行独立经营、独立核算；二是产品责任单位或市场责任单位，对产品的设计、生产制造及销售活动的一体化，进行统一领导。

三、第三阶段：2004—2011 年

第三阶段主题词：走向全球化。

关键词：从二维矩阵制到矩阵式跨国集团，先建烟囱后拉通。

2004 年后，华为再次进行组织结构的调整，但基本上是在 2003 年的基础上进行优化，但主体结构依然是以市场和客户需求为导向的组织结构模式，以划小利润中心的模式，加快决策速度，适应快速变化的市场。这次组织机构的变革，使得以 IPD、ISC、CRM 为主干的流程更加成熟；同时，公司辅以财务、人力资源等变革项目，全面展开企业业务流程变革，引入业界实用的最佳实践，并建设了支撑这种运作的完整 IT 框架，如图 7-17 所示。

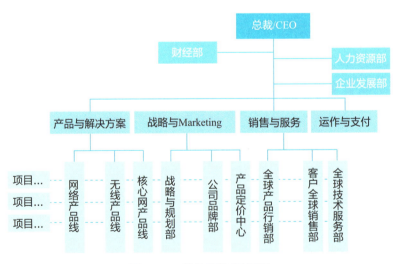

图 7-17　华为完整 IT 框架

这时，华为已经是一家多元化企业，形成了运营商业务、企业业务、消费者业务三大业务体系，组织结构在未来依然会保持这样一种矩阵型的组织

结构。而这个巨大的矩阵组织结构也是动态的，是随时会随着战略的调整而调整的。当企业遭遇外部环境挑战时，这个网络就会收缩并进行叠加，也即会进行岗位、人员的精简；而环境向好需要扩张时，这个网络就会打开，并进行岗位与人员的扩张。但其基本的业务流程却是会保持相对稳定的，如图7-18 所示。

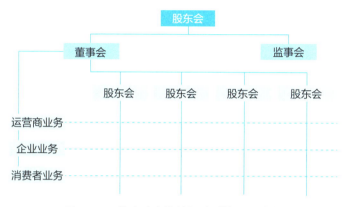

图 7-18　华为动态化的矩阵型的组织结构

这一阶段华为以 IBM 的 IPD、ISC 变革咨询为主轴，在员工股权计划、人力资源管理、财务管理和质量控制等多方面与美、欧、日的 10 多家咨询企业展开合作，开始全面学习西方管理经验。

华为通过与 IBM 等咨询企业的多次合作，引入业界最佳的管理实践经验，固化各个业务流程，做大做强各职能部门。通过系统部和地区部建设贴近客户、围绕客户的区域经营组织，关注订单的获取、交付工程的实施、设备的维护和问题处理。随着业务高速发展，人员和组织规模快速膨胀，为了保证组织运作的灵活性，华为在产品线内划小经营单元、设置若干个 SPDT（Super Product Development Team，超级产品开发团队）作为独立的经营单元，通过弱矩阵式的项目管理，打破部门墙，拉通各个职能部门的资源，成立重量级团队（包含规划、研发、行销、采购、制造、服务等角色），提升产品开发的效率。当职能部门的能力像烟囱一样被拔高、建设起来，烟囱建得越高，烟囱壁也会越来越厚，各个职能部门间的"部门墙"也不可避免地变厚了。

四、第四阶段：2012 年至今

第四阶段主题词：生态布局，全面开花。

关键词：从弱矩阵到强矩阵，项目中心制运作。

为了既发挥大平台的能力作用，又增强组织的灵活性，保持对客户需求的快速反应能力，华为进一步提出"以项目为中心"，希望用强矩阵的方式来管理项目。这一阶段管理变革前存在的问题有：职能部门分工过细，机构重叠、数目众多，造成了大量的资源浪费；职能部门之间壁垒厚重，信息流不通畅，沟通成本高；组织官僚化，部分员工丧失进取心，只懂得按部就班例行工作；矩阵组织下负责业务管理的业务线和负责职能管理的资源线割裂，二者的责权不对等，资源线对质量负责，承担的是责任，而业务线不对资源负责任，这导致业务线向资源线大量提需求，拖累拖垮了资源线的同时，损害了项目的目标达成。

2012 年，华为以 33 亿人民币现金收购与赛门铁克合资子公司全部股份，使其成为其全资子公司，之后启动了 DSTE（Develop Strategy to Execute，从战略到执行）闭环管理体系，开展了项目管理和知识管理变革。2012 年，华为的全年营收达到 2202 亿人民币，同比增长 24.5%，在面临全球金融危机和欧债危机双重危机下，仍保持了稳健增长的态势，全面超越最大的竞争对手瑞典爱立信，成为全球通信行业老大。

2012 年，华为划分为三大运营中心（BG）进行运作，包括运营商网络 BG、企业业务 BG、消费者 BG。各 BG 是面向客户的端到端的运营责任中心，是企业的主力，对企业的有效增长和效益提升承担责任，对经营目标的达成和本 BG 的客户满意度负责。各 BG 分别设置 EMT 负责本 BG 业务的管理，BG EMT 主任由 BG CEO 担任。服务型 BG（SBG）是为 BG 提供支撑和服务的端到端责任中心，要持续提高效率，降低运作成本，如图 7-19 所示。

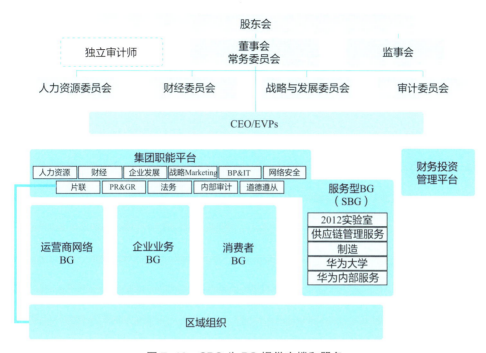

图 7-19　SBG 为 BG 提供支撑和服务

第五节

平台化组织/液态化组织

　　华为在组织架构方面确实在不断探索和创新，以适应市场和业务发展的需求。平台化组织和液态化组织都是其在组织架构上的一种尝试和实践。

　　华为平台化组织/液态化组织如图 7-20 所示。

　　平台化组织在华为的体现，可以概括为"赋能平台+经营小前端+共生生态"。这种组织模式通过构建一套模式、规则、标准和系统，实现运行模式的一体化，标准化的工业化生产，即赋能平台。经营小前端则直接为客户创造价值，是产销研一体化的独立经营个体。这种组织架构有利于降低交易成本，

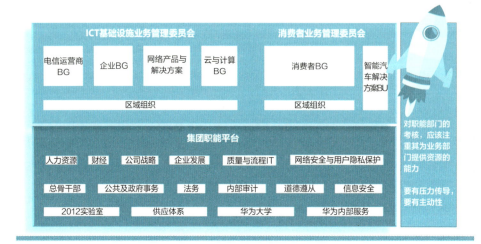

图 7-20　平台化组织/液态化组织

提高信息瞬连的效率。

　　液态化组织则是其在追求创新和快速响应市场变化方面的一种尝试。液态化组织是一种能够自我组织、自我适应的组织形态,几乎没有边界,所有成员平等且信息共享。它强调全面数据化,通过数字的流动和交换实现信息透明,全员共治。在液态化组织中,成员自驱动,通过不断激发创新创造能力来持续突破效能的极限。这种组织模式有利于打破科层制的束缚,释放个人的潜能,激发内部创新。

　　无论是平台化组织还是液态化组织,华为都在努力构建一个更加灵活、高效、创新的组织架构,以适应不断变化的市场环境和业务需求。同时,这些尝试也为其他企业提供了有益的借鉴和参考。

第八章
财经管理
追求企业长期有效增长，追求长期价值

"我们没有任何稀缺的资源可以依赖，唯有艰苦奋斗才能赢得客户的尊重与信赖。奋斗体现在为客户创造价值的任何微小活动，以及在劳动的准备过程中为充实提高自己而做的努力。我们坚持以奋斗者为本，使奋斗者得到合理的回报。"

企业追求长期有效增长，不唯股东利益最大化、不唯员工利益最大化，为客户服务是企业存在的唯一理由。

第一节
企业的经营智慧

一、经营目的

企业的经营目的应当是确保持续实现最低纲领,而不是追求某个指标或某个利益群体利益的最大化。现实中任何追求最大化的结果最终往往会走向反面。

长期有效增长的内涵,首先是经营结果健康,即追求有利润的收入,有现金流的利润,不重资产化;其次是不断增强企业的核心竞争力;最后是构建健康友好的商业生态环境。经营结果必须稳健、均衡,才能支撑起企业的长期生存发展,实现企业的长期有效增长。

追求长期有效增长的财务解释就是追求企业的价值。这里的价值概念对非上市公司来说不是资本市场的估值,而是回归价值的本质,即现实的获利能力和未来潜在获利机会的货币化。

二、竞争战略的财务视角

企业的成功确实离不开竞争战略的有效实施,这既体现在业务层面,也体现在财经管理层面。面向未来,从财务视角看待竞争战略,企业应把握以下几个要点。

首先,善于从投资的视角看业务,从战略的视角看机会。这意味着企业在决策时,不仅要考虑业务的短期盈利性,也要从长期投资的角度评估其潜在价值。同时,要敏锐地捕捉和把握战略机会,以实现企业的长远发展。

其次，"力出一孔"，有所为，有所不为。企业应集中优势资源，聚焦核心业务和战略机会点，以实现资源的最大化利用。同时，敢于放弃一些非核心、非战略性的业务，以保持企业的战略专注和竞争力。

在大机会面前，企业应坚决避免机会主义，不被短期利益所诱惑，不纠结于沉没成本。这意味着企业要有长远的眼光和坚定的决心，抓住那些对企业发展具有重大意义的战略机会，并为之持续投入。

在具体表现上，应继续强调在战略机会上的敢于投入和坚持投入。高科技企业的机会往往大于成本，因此，抓住战略机会是实现企业长远发展的关键。同时，财经管理既要关注成本，又要关注价值创造，确保投入能够带来实实在在的回报。

在产品战略上，企业应根据市场需求、成长性和技术成熟度来选择自研或合作。对于市场需求大、成长性好、技术成熟的领域，选择重点自研；而对于市场需求小、成长性差、技术准备不成熟的领域，则考虑通过合作来实现资源共享和优势互补。

与之匹配的财务策略包括收窄战线，将人力、物力、资金集中投入在关键领域；对非主航道业务设置更高的利润率要求，通过分摊更多的研发费用和管理费用来约束企业盲目发展；将优质资源向优质客户倾斜，通过提供更高级别的服务和加大投入来绑定关键客户，实现共同发展。

综上所述，从财务视角看待竞争战略时，应保持战略定力，坚持长期投入和价值创造导向，不断优化资源配置和产品战略选择，实现企业的持续健康发展。

三、用经营报表看企业的销售报表

通过经营报表来分析企业的销售报表，我们可以深入洞察其销售业绩、市场动态以及经营策略等多个方面。

（一）关注销售总额和增长率

销售总额反映了企业在一定时期内的整体销售规模，而增长率则体现了销售业绩的变化趋势。如果销售总额保持稳步增长，增长率也呈现积极态势，那么这表明企业的市场表现强劲，销售业务在不断扩大。

（二）分析产品或服务线的销售情况

通过比较不同产品或服务线的销售额和增长情况，我们可以了解哪些领域是企业的销售主力，哪些领域具有增长潜力。这有助于我们更准确地把握企业的市场布局和业务发展方向。

（三）观察销售地域分布

通过分析销售地域分布，我们可以了解企业在不同地区的销售表现和市场份额。这有助于我们评估企业在全球市场的竞争力以及未来拓展市场的可能性。

（四）关注销售渠道和合作伙伴的情况

销售渠道的多样性和合作伙伴的质量对企业的销售业绩具有重要影响。通过分析销售渠道的销售额和合作伙伴的合作情况，我们可以了解企业在市场推广和渠道建设方面的努力成果，以及合作伙伴对其销售业绩的贡献。

（五）不可忽视的是销售成本和利润率

销售成本反映了企业在销售过程中所产生的费用，而利润率则体现了企业的盈利能力。通过分析销售成本和利润率的变化趋势，我们可以评估企业在成本控制和盈利能力方面的表现。如果利润率持续提高，而销售成本得到有效控制，那么这表明其在经营管理方面取得了积极进展。

四、预算过程"自下而上"

"自下而上"的业务规划过程强调了从基层业务单元开始，逐步向上汇总和整合预算信息的重要性。这种方法的优点在于它能够确保预算更加贴近实际业务，反映业务的真实需求和情况。

在预算过程中，回款效率是一个非常重要的考量因素。回款效率直接影响到公司的现金流状况和运营健康程度。因此，其在预算过程中会特别关注DSO（Days Sales Outstanding，应收账款周转天数）这一指标，以衡量货款回收周期。DSO越短，说明回款效率越高，公司的现金流状况就越好，如图8-1所示。

为了确保回款效率达到预期目标，要从过程把控入手。具体来说，就是采取一系列措施来优化销售流程、加强客户信用管理、提高收款效率等，从

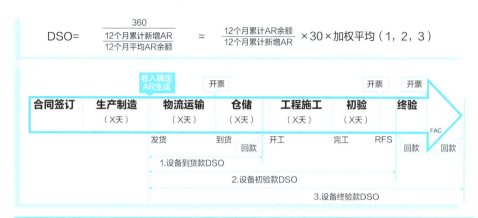

图 8-1 "自下而上"的业务规划过程与 DSO

而缩短 DSO，提高回款效率。这些措施可能包括改进销售策略、优化合同条款、加大催收力度等。

所有结果都可以从过程来把控实现，如图 8-2 所示。

潜在客户	5000	5500
×	×	×
转化率	30%	33%
=	=	=
客户数量	1500	1815
×	×	×
客单价	100	110
×	×	×
消费频次	2	2.2
=	=	=
销售额	300000	439230
×	×	×
贡献毛利率	25%	27.5%
=	=	=
贡献毛利	75000	120788
-	-	-
固定费	30000	33000
=	=	=
贡献利润	45000	87788

图 8-2 所有结果都可以从过程来把控实现

企业的运营管理中涉及多个关键指标，其中 DSO 是衡量货款回收周期的重要指标。DSO 反映了企业从销售发生到收到客户款项转换为现金所需要的时间，也就是应收账款转化为现金的平均周期。对于企业而言，DSO 的管理和控制对于确保现金流的稳定性和提升运营效率具有重要意义。

首先，DSO 体现了企业销售回款的效率。一个较低的 DSO 值意味着企业能够更快速地回收销售款项，从而加速资金周转，提高资金使用效率。这对于企业的运营和发展至关重要，特别是在面对市场竞争激烈、资金压力大的情况下。

其次，DSO 也反映了企业在客户信用管理方面的水平。通过对 DSO 的监控和分析，企业可以评估不同客户的信用状况，进而制定针对性的信用政策和收款策略。这有助于降低坏账风险，提升应收账款的质量。

最后，DSO 还是企业进行业务规划、预算制定以及财务风险管理的重要依据。通过与其他财务指标相结合，企业可以更加全面地评估自身的运营状况，为决策提供支持。

在实际运营中，DSO 的管理需要与其他财务管理活动相结合，如销售政策、收款流程、客户信用评估等。同时，还需要根据自身的业务特点和市场环境，灵活调整 DSO 的管理策略，以实现最佳的财务效果。

总之，DSO 作为衡量货款回收周期的重要指标，在运营管理中具有重要地位。通过对 DSO 的有效管理和控制，可以提升销售回款的效率，降低财务风险，进而实现更加稳健和可持续的发展。

五、业务规划过程：回款效率

企业业务规划过程对回款效率的高度重视，体现了对财务管理和现金流管理的精细化要求。通过科学、系统的业务规划，可以有效地把控，并实现回款效率的提升，确保企业现金流的稳健和业务的可持续发展。

在业务规划过程中，回款效率的提升是一个核心目标。为了实现这一目标，要从客户需求和市场趋势出发，制定详细的产品和服务策略。在策略制定过程中，企业应充分考虑不同客户的支付能力和信用状况，以确保销售合同的条款和付款方式能够最大限度地保障企业的回款权益。

接下来，企业应通过一系列的管理措施和流程优化，确保回款效率的实现。这些措施包括建立完善的信用管理体系，对客户进行信用评估和分类，制定不同的信用政策和收款策略；优化销售流程，确保销售活动的顺畅进行和货款的及时回收；加强内部沟通协作，确保销售、财务、法务等部门之间的信息畅通，共同推进回款工作；利用先进的技术手段，如大数据分析和人工智能等，对回款过程进行实时监控和预警，及时发现并解决潜在问题。

在业务规划过程中，还应注重从过程把控来实现回款效率的提升。通过对销售活动的全程跟踪和管理，企业可以及时发现并解决可能影响回款的问题。例如，在合同签订阶段，严格审查合同条款，确保回款权益得到保障；在销售执行阶段，密切关注销售进度和货款回收情况，及时调整销售策略和收款计划；在售后服务阶段，积极处理客户反馈和投诉，避免因服务问题导致的回款延误。

通过以上措施和过程把控，企业可以实现回款效率的全面提升。这不仅增强了企业的现金流稳定性，降低了财务风险，还为企业的业务拓展和市场竞争提供了有力支持。同时，通过持续优化业务规划过程，企业可以不断提升回款效率的管理水平，为长期发展奠定坚实基础。

六、"一报一会"方法论：金字塔型

任何目标和计划都不是一成不变的，往往需要随着市场环境和竞争格局的变化而适当做出策略上的调整。这一调整的依据是经营分析，通过经营分析进行月度滚动预测，以便对战略计划、预算计划等进行优化。

标杆企业推崇经营分析，而不是单纯的财务分析。他们将经营分析会称作"一报一会"，一报就是年度经营分析报告，一会就是年度经营分析会，如图 8-3 所示。

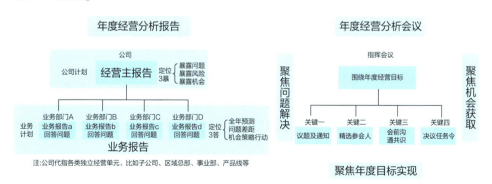

图 8-3　"一报一会"

经营分析会的目的就是集中力量推进业务、实现年度经营目标。"一报一会"方法论体现了独特的管理智慧和业务规划理念，形成了一种金字塔型的结构，确保了企业经营活动的有序、高效和精准，如图8-4所示。

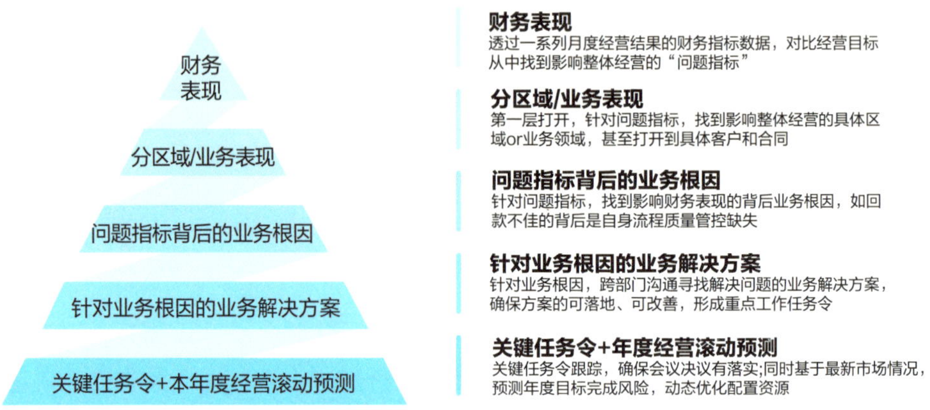

图 8-4　金字塔型的结构

首先，从基层到高层，"一报一会"形成了递进式的层次结构。基层代表处作为经营活动的实际执行者，负责编写和提交经营分析报告，详细汇报业务进展、存在的问题以及改进方案。这些报告经过层层筛选和汇总，最终提交到企业高层，为高层决策提供重要依据。

其次，这种金字塔型结构强调了信息的整合和提炼。基层的报告反映了实际业务情况，而高层则通过对这些报告的汇总和分析，把握企业整体的经营状况和发展趋势。这种信息的整合和提炼过程，确保了高层决策能够基于全面、准确的信息，从而提高了决策的质量和效率。

再次，"一报一会"还注重问题的解决和改进。通过经营分析会，企业能够及时发现和讨论存在的问题，集思广益，寻求解决方案。这种问题解决机制确保了问题能够得到及时有效的处理，避免了问题的积累和恶化，从而保障了企业的稳健发展。

最后，这种金字塔型结构还体现了对人才培养的重视。通过参与"一报一会"，基层员工能够提升自己的业务能力和分析能力，高层则能够通过这一过程发现和培养有潜力的管理人才。这种人才培养机制为企业的长期发展提供了有力的人才保障。

第二节
风险管理

一、不确定性机会的灵活把握

标杆企业所处的高科技、高成长行业，有别于传统的成熟行业，要善于灵活把握不确定性机会，以应对未来的挑战。标杆企业在面对不确定性机会时，展现出了出色的灵活把握能力。

其策略主要聚焦于主航道进行分散投资、饱和攻击、开放合作以及实现自我突破，这四个方面相互关联，共同构成了其应对不确定性的独特方法论。

（一）分散投资是企业在战略选择上的重要手段

所谓"分散投资"，就是决定在某一战略方向发展时，要在相悖的方向，对外进行风险投资，以便在自己的选择出错时，赢得调头时间。

具体体现在如下三点：当事物还处于混沌状态时，要同时在多种方向进行均衡的风险投资；只有当事物的主线越来越清晰后，才能大规模组织队伍扑上去；扑上去时，要认真研究哪些自己做，哪些可以进行国际合作，使战略资源更加集中。

这种策略确保了企业在探索新领域时，即使某一路径失败，也能通过其他路径继续前行。

（二）饱和攻击是企业在研究和验证不确定性时的关键策略

"饱和攻击"是指对不确定性的研究、验证，实施多路径、多梯次、饱和攻击。多路径是指朝着一个方向走多条路，而不是僵化只走一条路；多梯次可以防止组织惰怠，做到团队梯次跟进；饱和攻击就是密集资源长期聚焦投入。

要做到多路径、多梯次，要允许有不同的观点，不要压制见解不同的人。

华为允许一些"疯子""胡说八道"，并且不以成败论英雄，强调对未来的探索没有"失败"这个词，从失败中提取成功因子，不完美的英雄也是英雄。

同时，在考核评价体系上，研究类项目不要用简单的、黑白分明的评价体系。这样可以帮助企业快速找到战略机会的突破点或勘定边界，让"黑天鹅"在自己的咖啡杯中飞起来。

（三）强调开放合作和跨界交流

华为内部一直倡导"一杯咖啡吸收宇宙能量"，只有极致的开放、才有极致的力量。对外，高级骨干与专家多参加国际会议，多与人"喝咖啡"，与他人进行思想碰撞，同时通过独立的预算来保证实施；对内，其顶级专家成立思想研究院，多交叉、跨领域、多碰撞，产生思想火花与新研究方向。通过务虚会，帮助企业找到正确的战略定位。

这种开放的态度使得企业能够不断拓宽视野，从全球范围内寻找机会和资源。

二、战略并购和风险投资，增强企业核心竞争力

要了解战略并购与风险投资策略，先要搞清楚两个概念，CVC 与 IVC。CVC 全称是 Corporate Venture Capital，即企业风险投资，顾名思义，其更重视战略意图与母公司的战略协同，而直接来自被投资企业的财务回报是次要的目标。IVC 全称是 Independent Venture Capital，即独立风险投资，恰恰相反，它主要以追求财务回报为目标，缺乏或没有明确的战略意图。

标杆企业采用典型的 CVC 策略，通过战略并购，弥补企业核心竞争力的短板。在其内部，有一个专门的部门叫企业发展部，所有的投资、收购兼并必须经由企业发展部统一管理与呈报，严格识别是否属于主航道投资，并通过资本运作帮助业务部门快速获取产品及能力、弥补短板、控制战略资源、互补内部创新，实现"体外预研"，同时积极配合企业专利策略开展专利收购。

标杆企业的投资目标主要体现在以下三点：

第一，资本运作以战略投资为目的，帮助其获取关键技术和能力。

第二，通过投资，构建接触业界创新资源的"触角"，洞察业界创新趋势；布局前沿技术，开展体外创新；控制关键资源，促进战略合作，保证供应安全；围绕主航道构建良性生态系统；提升管道能力、扩大管道流量、促进链接的覆盖与数量。

第三，以弥补主航道竞争力不足为目的进行收购，而不是为多元化经营。

基于上述目标，其形成了对外投资与并购的管理原则。

原则一：不开展以获取财务回报为目的的产业投资，确保"优生优育"。

原则二：针对资本运作项目已发生的费用，按照"谁受益、谁承担"的原则（投资款或并购款应纳入相应投资中心预核算，如各 BG、各产品线），确保"管生管养"，加强投后管理，确保投资目标达成。

原则三：不支持、不投资和不参与内部创业。

这是标杆企业的战略并购与风险投资，通过与母公司战略和业务的协同，不断提升母公司的核心竞争力和总体价值。

三、加强风险控制与遵从性管理

标杆企业的全球化策略面临诸多风险。一方面是来自外部的风险，像地缘政治风险、金融危机风险、世界经济增长不稳定和投资萎缩的风险、汇率风险、汇困风险、逆全球化和贸易保护主义风险、反倾销风险、劳资纠纷风险、客户商业模式变化风险等；另一方面是来自内部的风险，诸如盲目扩张风险、产品质量风险、业务连续性风险、供应风险、超长期存货风险、超长期应收账款风险、网络安全风险、用户隐私保护风险、纳税风险、贸易合规风险、法律遵从风险、腐败风险等。这些风险使其在国际市场上的成长面临非常严峻的挑战。

随着企业规模越来越大，网络覆盖越来越广，网络结构越来越复杂，"蝴蝶效应"就出现了，局部的变化可能被放大到给整个企业造成严重损失，任何一个小问题都可能爆炸从而引发一个大问题。

面对未来的风险，要用规则的确定性应对结果的不确定性，用法律遵从的确定性应对国际政治的不确定性。严格管制内、外合规，严守商业边界。既加强风险识别和管控，又要"多打粮食"，加强风险管控就是为了"多打粮食"。通过不断完善风险控制体系，使企业从心所欲，不逾矩，在发展中获得自由。

四、"灰度管理"，正确处理扩张与控制的矛盾

灰度有两层核心含义，一层就是领导者如何去影响他人来追随，如何通过引导追随者的行为来达到想要实现的组织目标，这需要处理大量的人际协调、妥协或协同问题；另一层就是一个领导者通过把握一个组织当中复杂要素之间的关系，寻求一种组织内关系的妥协和协同，来寻求一个和谐的结果，同时根据情境、时间、条件等因素来选择最为合适的策略与手段，从而实现预期的战略结果。

扩张与控制本身就是一对矛盾，存在以下六个矛盾体。

（一）机会牵引 vs. 资源驱动

机会是无限的，资源是有限的，如何平衡无限的机会与有限的资源？相对西方企业的资源驱动，标杆企业更多地强调机会对资源分配的牵引，把有限的资源用在找目标、找机会并将机会转化到成果上。再过二三十年将进入智能社会，其强调要把握行业转型的机会，敢于加大投入，抢占战略机会点，具体包括以下几点。

把资源优先配置到价值客户、价值国家和主流产品，抓住战略伙伴机会与竞争格局，实现持续增长。

基于企业战略、投入能力和商业机会，进行投资组合管理和投资节奏管理，比如高低端产品组合、高毛利润低毛利润业务组合、成熟产业与新兴产业的组合等，优化资源配置（即做什么不做什么、什么时候做），提升投入回报。

要提升资源配置效率。资源使用要有成本，资源的获取和占用必须体现在对增长的承诺和实现上，通过计划预算核算进行闭环管理，并与绩效激励挂钩，实现"预算—考核—激励"的自我约束机制的闭环。

考核上，要用差异化的价值评价牵引资源的合理配置，采用不同的指标系统来评价不同类型的业务单元，区分增长期、过渡期和利润期的业务单元，差异化考核增长与利润、增长额与增长率。

机会牵引意味着企业需要敏锐地洞察市场趋势，及时捕捉潜在商机；而资源驱动则要求企业在扩张时必须充分考虑自身资源的匹配性和可持续性。在两者之间寻求平衡，既不错失机会，也不盲目扩张。

（二）增长 vs. 利润

增长和利润是企业发展的两个重要方面，但两者之间存在一定的矛盾。在扩张过程中，要增长还是要利润，还是两者都要，不同的阶段有不同的答案。如今的标杆企业，已经过了只要获得市场份额就盈利的阶段，标杆企业主张兼顾机会牵引的规模增长和效益驱动的有效成长，不单纯追求利润的最大化，而追求一定利润率水平上的成长最大化。

标杆企业推行耗散结构，通过耗散当期利润来加大对长期、战略的投入，把今天的钱变成明天的钱，向未来要增长。

（三）长期利益 vs. 短期利益

在长期利益和短期利益之间，要找到平衡点。要实现持续有效增长，当期看财务指标；中期看财务指标背后的能力提升；长期看格局，以及商业生态环境的健康、产业的可持续发展。

短期利益是为了确保生存，没有短期的成功，就没有战略的基础。同时要让员工充分认识到长期利益与短期利益的关系，认识到长期投入的重大意义。

对于发挥战略性的作用、非做不可的投资，我们从长期路标中看给企业创造的价值；而对于非战略性投资，要看短期改进、盈利的路标。

（四）集中 vs. 分散

我们要考虑清楚什么要做、什么不做，什么自己做、什么自己不做，要在总的原则上统一思想。

集中方面：在商业开发上，应当是聚焦的和确定性的，开发目标要支持商业变现。开发是一个特殊的确定性项目，要有计划、有预算、有核算，不仅投入财务可视，过程及核算也应财务可视。

另外，要加强战略集中度，在主航道上拉开与竞争对手的差距。聚焦价值客户、价值区域，沿着管道战略，聚焦"宏管道"运营商业务、"微管道"企业网和"水龙头"消费者终端。

分散方面：研究探索要张开"喇叭口"，技术的"喇叭口"要做大，足够充分开放合作，加强全球协同。把各种技术、方向都要包容进来。落后的也要包容进来，落后的地方可能是暂时的，不是永远，未来它可能会变得更先进。在研究创新方面，以后不能随便用"失败"一词，要使用"探索"这个词，"成也英雄，败也英雄"。

在扩张过程中，既强调集中优势资源，又注重分散风险。通过集中优势资源，企业能够在关键领域和核心业务上形成强大的竞争力；而通过分散风险，其能够降低单一市场或业务的风险，确保企业的稳健发展。

（五）机会 vs. 风险

机会与风险的管理，要更多地关注风险。标杆企业将企业所隐含的内在风险分为三大类。

第一类，高速增长隐含的隐性风险。随着外部经济环境的变化或业务增速下滑会逐步暴露出来，如超长期应收款、亏损合同、高风险合同、过度承诺、未经审批发放的优惠券等。

第二类，业务增速下滑而引出的风险。过去的考核、利益分配都是按照高增速模式来设计的，在增速下滑时会面临失效，要关注运营效率、合同质量、新商业模式、特殊交易模式等问题，明确授权和审批，建立预算核算与人力资源的关联机制，用价值分配杠杆牵引资源的合理配置，提高人效。

第三类，多核业务投资与成长的不确定性引出的风险。要关注企业投入人财物的比重、结构与节奏是否与企业资源、业务战略相匹配。

更多地关注风险不意味着不作为，不作为就不会有风险，但一定会被超越。标杆企业的导向是在有效管理风险的前提下促进销售增长。

用规则的确定性来应对结果的不确定性，以价值创造为导向管理风险，是实现业务扩张与风险控制的有效平衡，防止走向忽略风险或过度保守两个极端的有效办法。

（六）乱中求治 vs. 治中求乱

所谓乱中求治、治中求乱，就是要善于建立平衡、敢于打破平衡。

精细化管理，就是在乱中求治，保证在扩张时不陷入混乱，而非为了稳定紧关城门。精细化管理就是要有计划、有预算、有核算，各个指标数据都有据可依，一切围绕财务数据进行，指导业务发展方向并指定合理可行的业务策略与行动措施。

治中求乱，就是打破平衡继续扩张。管理要走向差异化，用考核牵引企业的均衡发展。过去标杆企业实行大系统、大人力资源政策，是正确的；但面向未来，考核机制过于僵化了，下一步激励改革时，要强调不同产品、不同地区、不同工作要有不同的奖励模式。

标杆企业在"灰度管理"理念下，通过平衡各种矛盾关系，实现了扩张与控制的有效平衡。这种平衡使得标杆企业能够在快速扩张的同时保持对业务的有效控制，为企业的持续发展奠定了坚实基础。

第三节
财经价值管理

一、价值管理指导方针

标杆企业的价值管理指导方针是一个全面且深入的体系，它涵盖了企业的各个方面，以确保价值创造和持续增长。

首先，标杆企业强调价值创造是其核心目标。这包括以客户为中心的价值创造，意味着其始终致力于全力为客户创造价值，并真正成就客户。这种价值创造不仅有助于满足客户需求，也为其带来了绩效和利润。同时，其坚持以奋斗者为本的价值分配，以确保那些为价值创造做出贡献的员工得到合理的回报。

其次，标杆企业认为"业务为主导，会计为监督"是确保企业健康发展的关键。这意味着其在决策和行动中以业务需求为核心，同时由会计部门负责提供监督和规范，确保业务活动的合规性和效益性。这种平衡的管理方式有助于企业在追求业务发展的同时，保持财务的稳健和透明。

再次，标杆企业提出用"规则的确定性来对付结果的不确定性"。这一方针体现了其在面对复杂多变的市场环境时，通过制定明确的规则和流程，来降低不确定性带来的风险。这种确定性不仅有助于员工明确工作方向和目标，也有助于企业做出更稳健和长远的决策。

在授权和监管方面，标杆企业坚持在加大授权的同时有效实施监管。这意味着其鼓励员工发挥主动性和创造性，但同时也通过完善的监管机制来确保业务活动的合规性和风险的可控性。这种平衡的管理方式有助于激发员工的积极性，同时确保企业的稳健运营。

最后，标杆企业强调要紧紧围绕价值创造来简化组织和流程。这意味着其不断优化组织结构和流程设计，以更高效地创造价值。通过简化不必要的层级和环节，能够更快地响应市场变化，更灵活地调整业务策略，从而实现更高效的价值创造。

二、"端到端"业务流程的财经管理

标杆企业在面向端到端业务流程的财经管理方面有着独特的做法和理念。"以业务为主导，以会计为监督"的方针立足于为财经服务业务创造价值，将监控融于流程。

IFS（集成的财经服务）变革第一阶段的目标，"准确确认收入，加速现金流入，项目损益可见，经营风险可控"，就是对准企业价值创造端到端业务流程的薄弱环节制定的。主业务流的流程化组织与管理系统的建设和持续改进，是企业的长期任务。

华为为什么要启动 IFS（集成的财经服务）变革？

和其他国内企业一样，华为也走过一段粗放式增长的时期，随着业务的突飞猛进，企业的利润率却逐年下滑。根据其 2007 年年报，其营业利润率从 2003 年的 19% 下降到了 2007 年的 7%，净利润率则从 14% 下降到了 5%。

任正非发现财务竟然成了华为的成长障碍。在 2007 年的一次内部会议上，他不无忧虑地说道："我们的确在海外拿到了不少大单，但我都不清楚这些单子是否赚钱。"

（1）以规则的确定来对付结果的不确定——华为为什么引入 IFS？

虽然从 2000 年华为已经开始做成本核算，但是还没有前瞻性的预算管理；虽然财务部门已经能够在事后计算出产品的利润，却没有参与前期的定价和成本核算……

中国绝大部分企业很难做到这点，但这却是跨国企业擅长的。如果留意过 IBM、思科等国际大企业对未来财务指标的预期，你会发现这些企业的财务预期都会非常准确，这是因为这些国际大企业的财务体系都参与整个业务流程。比如，每个产品的定价和成本核算等工作，都拥有一套完整的制度和运作流程，以确保每一单投标都能清楚地计算出成本和利润。

（2）主干清晰，末端灵活——启动 IFS 变革

诸如此类的事情很多，使得任正非痛下决心，亲自给 IBM 时任 CEO 彭明盛写了封信，要求 IBM 帮助华为完善财务管理。之所以需要给彭明盛写信，是因为这也是 IBM 的核心竞争力，一般情况下他们并不愿意轻易示人。此后，IBM 全球最精锐的财务咨询顾问又进驻华为，启动了 IFS 项目。

任正非认为学习 IBM 的优点、方法，不要僵化、不要教条。在骨干流程上，要以规则的确定来对付结果的不确定。但是，在不同的流程、不同的地段上，都有一定的收敛口，收敛口向上一定要标准化，不然后方看不懂；向下可以有灵活性，在末端可以有一些灵活性。

商场是千变万化的，一定要给一些弹性，否则就成了机械教条的笑话。在变革中强调代表处所有的输出的接口，应该是绝对标准化的。但是代表处本身内部的运作可以有些不同和差异。在收敛之前，允许哪个地方有灵活机动，是可以理解的，这个要根据业务来。

（3）企业扩张与内控的和谐统一——IFS 变革成效

华为提出 IFS 财经变革，主张业财融合，让财务走入业务大门，成为业务的伙伴，助力企业扩张与内控的和谐统一。在财经变革的前期构建"计划—预算—核算"体系是华为的一个阶段目标，也是财经体系构建的一个基础，如图 8-5 所示。

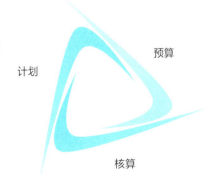

华为在2008年开始把计划和预算权力下放到地区部，也为2009年开始实施 LTC 流程再造与组织变革打下基础，之后华为才得以逐步实现"让一线调动资源"

计划　　预算　　核算

图 8-5　IFS 财经变革

华为 IFS 财经变革从 2007 年开始，任正非在 2009 年财经系统表彰大会上讲道："我们要坚定地支持公司的 IFS 变革，通过三到五年的努力，实现'加速现金流入，准确确认收入，项目损益可见，经营风险可控'的变革蓝图……真正实现'计划—预算—核算'的全流程管理。"

OTC（机会点到回款）流程，是标杆企业与客户做生意的主业务流程，承载着企业主要的物流、资金流和营运资产。对于 OTC 主流程来说，首先，要从源头上提高合同质量，控制合同风险；其次，要以开票为统领，从结果端向前端梳理和理顺主业务流的活动及工作要求；最后，要抓住"通"这个主要矛盾，围绕全流程打通客户 PO（采购订单），并对相关领域的业务流程进行集成变革。

IPD（集成产品开发）流程是面向市场创新的主流程。财经在这个主流程中的管理宗旨，是把产品开发当作一项投资来进行管理，抓住从机会点到变现这个本质，积极参与到 IPD 的跨部门决策团队和流程的 DCP（关键控制点）决策评审以及产品组合管理中，运用"计划—预算—核算"体系，使开发过程可视，支持产品开发的商业成功。

"云、雨、沟"是标杆企业管理变革思路的形象描述。"云"是企业的管理哲学，"雨"是企业的经营活动，"沟"是对标西方企业最佳实践，通过系统性变革建立的流程和规则。"云"一定要下成"雨"才有用，"雨"一定要流到"沟"里才能发电。若没有"沟"，"雨"到处泛滥，能量也就发散掉了。

三、项目财经管理

项目是标杆企业经营管理的基础和细胞，它包括研发项目、销售项目、交付项目和管理变革项目等，是企业经营管理活动的主要组成部分。项目经营和管理得不好，企业的优质经营就无从谈起。标杆企业已经确定了未来企业的经营管理机制，即把企业从以功能部门为中心的运作转向以项目为中心的运作。

这是一个巨大的转变，意味着将激活千万个团队，意味着功能部门未来就是能力中心、资源中心，而不再是权力中心。标杆企业只有实现以项目为中心的运作，才能避免大企业功能组织的毛病；去掉冗余，才能提高竞争力，才能使骨干快速成长。

向以项目为中心的转变是要在企业建立一个组织级的项目管理体系。标杆企业把企业未来的管理体系比作眼镜蛇：头部可以灵活转动，一旦发现觅食或进攻对象，整个身体的行动十分敏捷。眼镜蛇的头部就像业务前端的项目经理，而其灵活运转、为捕捉机会提供支撑的骨骼系统，则正如企业的管理支撑体系，这就是其未来管理体系的基本架构。

项目财经管理的关键活动首先是完善项目概算、预算、核算和决算的闭环。在具备经营条件的项目上，以项目作为一个利润中心，建立项目经营管理机制和基于收入、利润和现金流的考核和获取分享激励机制。即使是在基于预算目标按成本中心运作的交付项目上，也要拉通售前与售后，将核算对准预算，决算对准概算，对项目风险假设进行闭环，并基于预算目标的完成情况，建立项目的激励机制，激发基层单元的组织活力。

在项目财经管理的关键活动中，标杆企业强调对项目的全过程进行精细化管控。从项目立项、预算编制、成本控制、收益分析到项目决算，每一个环节都有严格的财经制度和流程保障。这确保了项目资源的合理分配和有效利用，降低了项目风险，提高了项目成功率。

为确保项目经理和项目经营团队责权对等，标杆企业实行了一系列措施。首先，明确项目经理和项目经营团队的职责和权限，确保他们在项目执行过程中能够充分发挥作用。其次，建立有效的沟通机制，促进项目经理和项目经营团队之间的信息共享和协作。最后，标杆企业还通过培训和指导，提升项目经理和项目经营团队的财经管理能力，使他们能够更好地履行职责。

在项目的考核与激励方面，标杆企业坚持以结果为导向，对项目经理和项目经营团队进行绩效考核。根据项目的完成情况、成本控制、收益实现等方面进行评价，对于表现优秀的团队和个人给予相应的奖励和激励。这种考核机制不仅激发了团队成员的积极性和创造力，还促进了企业内部良性竞争氛围的形成。

总的来说，标杆企业项目财经管理以项目为中心，通过精细化管控、责权对等和考核激励等措施，实现了项目资源的优化配置和高效利用。这不仅提升了企业的项目管理水平，还为企业的可持续发展奠定了坚实基础。

四、健全责任中心管理控制系统

正确地定位部门的责任中心性质，是企业管理控制系统有效运作的基础。企业的预算、考核、核算、激励都是基于责任中心展开的。标杆企业在健全责任中心管理控制系统方面，始终坚持经营机制的本质是利益驱动机制。这种理念体现在责任中心管理的每一个环节中，确保了企业资源的有效配置和高效运营。

责任中心的建立通常与如何划分核算单位相联系。标杆企业应当因地制宜地划小核算单位。不划小核算单位，经营责任就很难落到实处，部门和团队的贡献差异就无法体现，从而激励政策也就很难与贡献挂钩，组织就缺乏活力。但核算单位也不是划得越小越好，核算单位划得越小，内部交易界面就越多，内部交易成本就越高。所以，划分责任中心要从战略角度对成本效益做适当的权衡，是管理控制的一项重要决策。

责任中心之间要建立分权制衡机制。即使都是利润中心，比如产品线和代表处，各自的侧重也应有所不同。产品线作为利润中心侧重考核销售收入，其次才是利润，这样促使产品线把收入做大，销售计划趋于激进；代表处作为利润为中心重点考核利润，其销售计划就会偏于保守，这样在激进与保守之间就找到了一个平衡点，两者之间就有一个制约。

责任中心考核和激励机制的设计既要与结果挂钩，按贡献合理拉开收入差距，又要有利于加强协同奋斗，将标杆企业以客户为中心的"胜则举杯相庆，败则拼死相救"的光荣传统制度化地巩固下来。企业利用虚拟统计、虚拟考核等多种方式来实现这一目标。

在利润中心的运作机制方面，标杆企业赋予了利润中心高度的自主权和决策权。利润中心拥有对产品和劳务的生产经营决策权，同时对成本和收入负责。这种运作机制使得利润中心能够根据市场需求和竞争态势灵活调整经营策略，以实现利润最大化。此外，标杆企业还建立了完善的利润中心考核机制，通过定期评估利润中心的经营绩效，确保它们能够持续为企业创造价值。

五、加强计划、预算、核算体系建设

只有计划做好了，后面的预算才有依据，才可以通过核算来修正、考核计划与预算。

战略和经营计划是企业的龙头。标杆企业将 SP（战略规划）作为"主轮"，牵引企业关注长期战略，定期进行战略审视；同时，提高业务单元（BU）、市场单元（MU）、功能单元（FU）等的中长期战略规划能力，加强区域、产品线和各部门的战略协同性，保障战略对标，以及战略与行动的一致性，确保战略从企业规划，到组织目标，到部门和岗位目标，到个人目标，实现体系的贯通和衔接；另外，这一体系的循环管理机制要实现与财务计划的衔接与落地。

在标杆企业，除了 SP、BP（业务计划）之外，还有一个很重要的计划内容，就是 PP（项目计划）。标杆企业的核心业务是运营商业务，其运作方式以项目为单位，因此经营计划下沉至代表处，其表现为日常 PP。

在财经变革的前期构建"计划—预算—核算"体系是标杆企业的一个阶段目标，也是财经体系构建的一个基础。SP、BP、PP 关系矩阵，如图 8-6所示。

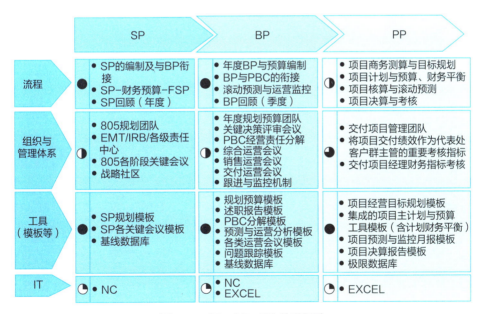

图 8-6　SP、BP、PP 关系矩阵

标杆企业在加强"计划—预算—核算"体系建设方面，始终坚持以战略为导向,确保"计划—预算—核算"与战略目标紧密对接,以支持企业的需求。通过构建完善的"计划—预算—核算"体系,其实现了对资源的有效配置和高效利用,推动了企业的稳健发展。

(一)企业的"计划—预算—核算"体系紧密围绕战略展开

在制定计划和预算时,充分考虑战略目标和市场需求,确保各项计划和预算能够支持战略的实现。同时,还通过核算来检验计划和预算的执行情况,以便及时调整和优化战略。

(二)企业在预算编制上采用自下而上的方式

这种方式能够充分发挥下级部门的主动性和创造性,使预算更加贴近实际、更加务实。通过自下而上的预算编制,其能够确保预算的准确性和可行性,为企业的运营提供有力保障。

(三)企业还实行弹性预算,以适应市场变化和机会

在面临不确定的市场环境和竞争态势时,能够根据实际情况灵活调整预算,确保企业能够抓住机遇、应对挑战。这种弹性预算的实施,增强了企业的应变能力和市场竞争力。

(四)核算作为管理进步的重要标志,在企业得到了充分体现

通过核算,企业能够清晰地了解各项业务的成本收益情况,为决策提供有力支持。同时,核算还能够揭示管理中存在的问题和不足,推动管理水平的不断提升。

综上所述,通过加强"计划—预算—核算"体系建设,实现了对战略的有效支撑和需求的满足。这种体系的建设不仅提升了企业的管理水平和运营效率,还为企业的可持续发展奠定了坚实基础。

六、账务的服务与监督

标杆企业在账务服务与监督方面有着一套完善且独特的体系。

(一)账务垂直到底,始终保持独立性

这种独立性确保了账务工作的客观性和公正性,使其能够担起"大坝"的责任,即有效地防止财务风险和问题的发生。账务团队不仅独立运作,而

且在服务业务的过程中实施财务综合管理，确保了企业财务的稳健和安全。

（二）账务必须深入业务

标杆企业强调账务与业务的紧密结合，通过深入了解业务需求和流程，为业务提供精准的财务支持和服务。这种服务模式不仅提高了账务工作的效率，也增强了与业务部门的沟通和协作，共同推动公司的发展。

任正非有一次去日本出差，报销差旅费时，把住酒店时的洗衣费也计算在内了。华为的差旅费报销制度中是不允许员工报销此类费用的，内审在发现这笔不当报销后，将之写到了审计意见中。做法或许偏执，但意义发人深省，内审的硬气源于一把手的垂范。

（三）在支付管理方面，华为也有着严格的规定和流程

支付管理作为账务服务的重要组成部分，涉及资金的流动和使用。标杆企业通过制定明确的支付流程和规则，确保资金的合规性和安全性，防止支付风险的发生。

（四）企业财务部严格遵守会计职业道德和规则

会计职业道德规范是从事会计职业的人们在共同的职业兴趣、爱好、习惯、心理基础上形成的思想和行为方面的道德规范。标杆企业要求账务人员在工作中始终遵循这些规范，保持诚实守信、客观公正的态度，确保账务工作的准确性和可靠性。

七、资金管理和税务管理

标杆企业的资金管理和税务管理都是其财经管理体系中的重要组成部分，它们各自承担着不同的职责和使命，共同确保公司的财务稳健和合规经营。

（一）资金管理策略

标杆企业资金管理策略是一个多维度、高度集成的体系，旨在探索适应公司长期发展的资本架构，构建全球性的资金体系，并加强资金风险管理。这些策略不仅确保了资金的充足流动性，也有效地保障了资金的安全，为公司的稳健运营和持续发展提供了坚实的基础。

首先，在资本架构方面，标杆企业致力于构建一个灵活且稳健的架构，以适应不断变化的市场环境和业务需求。通过优化股权结构和债务结构，其确保了资本成本的合理性和资金使用的效率性。同时，它还积极开拓多元化的融资渠道，包括股权融资、债券融资和银行贷款等，以分散融资风险并满足公司不同阶段的资金需求。

其次，标杆企业构建了全球性的资金体系，实现了资金的集中管理和统一调配。通过设立全球资金中心，其实现了对全球范围内资金的实时监控和有效调度，提高了资金使用效率。同时，其还加强了与全球金融机构的合作，利用国际金融市场资源，为企业提供低成本、高效率的融资服务。

再次，在资金风险管理方面，标杆企业采取了一系列措施来确保资金的安全和稳健。通过完善风险评估体系，其对各类资金风险进行定期评估，并制定相应的风险应对措施。此外，其还建立了严格的内部控制和审计制度，对资金的使用和流向进行严密监控，防止内部舞弊和资金流失。

最后，集中管理资金是标杆企业资金管理策略的核心之一。通过设立专门的资金管理部门，其实现了对资金的统一管理和调配。这种集中管理模式不仅提高了资金使用的效率，也降低了资金成本。同时，其还加强了与业务部门的沟通和协作，确保资金能够准确、及时地满足业务需求。

（二）税务管理

标杆企业税务管理策略旨在依法纳税，积极、有效、合理地管理税务风险和税负成本，充分体现了其对社会责任和经济效益的双重考量。

首先，依法纳税是企业税务管理的基本原则。其严格遵守国家税法规定，及时、准确地申报和缴纳税款，确保税务合规。这不仅是对国家法律的尊重，也是企业履行社会责任的重要体现。通过依法纳税，其为国家的经济发展和社会进步做出了积极贡献。

其次，标杆企业积极管理税务风险。税务风险是企业经营中不可忽视的一部分，包括政策风险、操作风险、合规风险等。其通过建立完善的税务风险管理体系，对税务风险进行识别、评估、监控和应对。通过制定合理的税务策略，其能够降低税务风险，确保企业的稳健运营。

再次，标杆企业也注重税负成本的管理。在遵守税法的前提下，其通过合理的税务筹划，降低税负成本，提高经济效益。这并不意味着避税或逃税，而是在合法范围内进行税务优化，实现税负的合理分摊和降低。

最后，标杆企业还积极与税务机关沟通合作，建立良好的税企关系。通过与税务机关的沟通，其能够及时了解税收政策的变化和解读，为企业制定合理的税务策略提供有力支持。同时，也积极参与税务相关的公益活动，推动税务知识的普及和税务文化的建设。

八、内控与内审制度

标杆企业内控与内审体系是其企业治理结构的重要组成部分，旨在确保企业运营的合规性、效率性和风险控制的有效性。

（一）公司监控体系的治理结构

标杆企业的企业治理结构包括董事会、高管团队和监事会等多个层级。董事会负责决策和监督，确保企业整体利益的最大化；高管团队负责企业的日常管理和运营；监事会则负责监督企业管理层的行为，确保企业合规经营。这种治理结构确保了企业内部的权力制衡和有效沟通。

（二）三层防线

标杆企业设置了内控的三层防线，以确保风险的有效控制。第一层防线关注业务运作中的风险控制，强调规范性和灵活性的结合。第二层防线针对跨流程、跨领域的高风险进行拉通管理，通过推广方法论和培养骨干来加强风险控制。第三层防线则通过审计调查，对风险和管控结果进行独立评估和威慑，确保风险的有效管控。

（三）流程内控

标杆企业的流程内控是基于业界领先的实践，并结合自身特点进行总结和提升。企业倡导流程化的企业管理方式，通过制定全球流程管理规则和制度，确保业务流程的规范性和效率性。同时，其还注重流程与业务的结合，确保流程能够真实反映业务的本质，实现业务与流程的深度融合。

（四）财报内控

标杆企业基于 COSO 模型设计了财报内控体系，以确保财务报告的真实、完整和准确。该体系包括控制环境、风险评估、控制活动、信息与沟通以及监督等五大部分。其建立了完善的治理架构和内部控制框架，明确了各组织的权力和职责分离，以相互监控与制衡。同时，企业 CFO 负责全企业内控管理，确保内控体系的有效运行。

（五）内部审计与调查

标杆企业设立了审计部，直接对股东和董事会负责，对企业的经营活动进行内部审计和调查。内部审计不仅关注财经审计，还包括供应链审计、技术支援审计、综合系统审计和国际审计等多个方面。它的内部审计制度清晰完整，从小到大的内部审计体系确保了审计工作的全面性和深入性。通过内部审计与调查，其能够及时发现和解决潜在问题，保障企业的合规运营和稳健发展。

九、迈向数字化的财经管理

标杆企业迈向数字化的财经管理，是其迈向全面数字化转型的重要一步。在数字化浪潮下，其深刻认识到数据作为企业的战略资源的重要性，将数据清洁作为有效的内控手段，以实现财经例行管理的自动化、智能化，并运用大数据分析改进财经管理，从而推动企业业务的持续发展和创新。

首先，标杆企业将数据视为企业的战略资源，致力于构建全面的数据管理体系。通过建立数据质量管理体系，对数据进行严格的质量控制和验证，确保数据的准确性和可信度。同时，其注重数据的合规性，要求员工严格遵守数据保护原则，对违规行为进行严肃处理。这种数据管理策略不仅为企业的决策提供了有力支持，也为客户提供了可靠的数据支持和决策依据。

其次，数据清洁作为有效的内控手段，在标杆企业财经管理中发挥着重要作用。其通过建立数据清洗、数据整合和数据分析机制，提高数据的准确性和可信度。这有助于减少因数据错误或不一致导致的决策失误和风险，确保财经管理的精准性和有效性。

再次，在实现财经例行管理的自动化、智能化方面，标杆企业充分利用先进的技术手段，如人工智能、大数据等，推动财经管理流程的优化和创新。通过自动化和智能化的手段，其实现了从机会点到回款的财经管理、从采购到付款的财经管理等流程的自动化，大大提高了工作效率和准确性。同时，这些自动化流程也有助于降低人为错误和舞弊的风险，提高内控水平。

最后，标杆企业运用大数据分析改进财经管理。通过对海量数据的挖掘和分析，其能够更深入地了解业务的运营情况和市场趋势，为决策提供更加准确和全面的依据。此外，大数据分析还可以帮助其发现潜在的风险和问题，及时采取措施进行改进和优化。

十、推动财经管理的流程化和职业化

标杆企业在推动财经管理的流程化和职业化方面，展现出了前瞻性和决心。这一战略举措不仅加强了财务与业务之间的紧密联系，还提升了整个财经管理体系的效率和专业性，为企业的长远发展奠定了坚实基础。

首先，"财务要懂业务，业务要懂财务"的理念是其财经管理流程化和职业化的核心。其强调财务与业务之间的融合与互动，鼓励财务人员深入了解业务运作，以便更好地为业务提供财务支持和决策依据。同时，业务人员也需要具备一定的财务知识，以便更好地理解财务数据，从财务角度审视业务决策。这种双向沟通与合作有助于打破财务与业务之间的隔阂，形成共同为企业创造价值的合力。

其次，建设流程化和职业化的财经管理体系是其实现财经管理现代化的关键步骤。其通过制定标准化的财经管理流程，明确了各个岗位的职责和权限，确保财经管理工作的高效运转。同时，其还注重财经骨干的职业化发展，提供系统的培训和发展机会，帮助员工不断提升专业技能和职业素养。这种流程化和职业化的管理体系不仅提高了财经管理的工作效率，还增强了企业的内部控制和风险管理能力。

最后，"财务的进步是一切进步的支撑"体现了其对财经管理工作的高度重视。标杆企业认为，财务作为企业运营的重要支撑，其进步能够推动企业整体业务的发展和创新。因此，其在推动财经管理流程化和职业化的同时，也注重引入先进的财务管理理念和工具，推动财务工作的不断创新和升级。

第九章
团队管理
人才体系构建，打造高效团队

　　在世界知名企业工作的每位高层管理者都不是等闲之辈，可以说都是比较聪明的人物，领导者如何面对这些明争暗斗的聪明人？收为己用还是敬而远之？

　　人才管理的第一步，就是高质量搭建团队。人才的精准选配，其实就是搭团队的过程，既要重视"进"，也要注意"出"，对人才要实行能上能下、能进能出的动态管理机制。

第一节

人才管理

一、人才选配：精准选择，合理配置

标杆企业确定了走研发之路，有了明确的目标，第一要务也是招兵买马，只有把最优秀的干将吸收到企业来，企业才有希望，单凭等是永远解决不了问题的。

以华为为例，华中科技大学的一位教授曾受任正非的邀请，带着他的研究生郭平到华为参观。当时郭平刚刚研究生毕业不久，留在学校当老师。任正非一眼就看上了年轻有为的郭平，他苦口婆心地做郭平的思想工作，郭平也被任正非身上特有的企业家做大事业的抱负、待人的热情和诚恳所吸引。

任正非当即"拿下"郭平，一番激情洋溢的谈话让郭平激情高涨。任正非让郭平成为华为公司第二款自主产品研发的项目经理。该产品即 HJD48 小型模拟空分式用户交换机，一台机可以带 48 个用户的新产品。

郭平在华为干的最有意义的另一项工作是为华为引进人马，最典型的就是把后来为华为贡献良多的郑宝用介绍到华为。

郑宝用也是在华中科技大学读的本科和硕士，毕业后留校当老师，1989年刚考上清华大学博士没多久。郑宝用来华为后，也立即迷上了华为，竟再也没回清华大学，博士学位也放弃了。郑宝用思维敏捷，为人随和，性格直率，大家都称他为"阿宝"。

"阿宝"是华为响当当的人物，任正非曾在大会小会表扬并号召全企业都向他学习，声称"阿宝是一千年才出一个的天才"。

也许很多人都想不通，这样一个"天才"，为何在华为几乎看不到前途的时候加盟华为？更让人不理解的是，郑宝用当时已经考取了清华的博士学位，读完博士进入大国企一丁点问题没有。他却偏偏加盟了华为这样一家小私营企业。

郭平当年把郑宝用带到华为去参观，负责接待的正是任正非。当时不到三十岁的郑宝用对任正非十分佩服，主要不是因为任正非有自己的企业，而是因为任正非当年参加过科创大会，搞技术的郑宝用对他的经历有种敬佩感。然后任正非对华为的未来和国际形势进行分析，说国家需要我们这样的企业，我们做的这样一件工作是极其光荣的。

为什么这么说？因为郑宝用曾说过："当时我们国家特别需要交换机，所以我一直在研究。国外产品长期垄断中国通讯市场，价格居高不下，是造成国内电话装机费用居高不下、电话不能迅速普及的重要原因。"任正非的话正是反过来分析，郑宝用即使在清华毕了业，也是搞技术，早晚也得"为人民服务"。

实践证明，任正非用了郑宝用，是明智的选择。任正非成就了郑宝用，郑宝用成就了华为，华为成就了任正非。

1991 年，郑宝用主导开发的 HJD-04 500 门的用户机，一台机可以带 500 个用户，采用了光电电路和高集成器件，被原邮电部评为国产同类产品质量可靠用户机。郑宝用还给华为公司做规划并带领研发人员成功开发出了一台用户交换机带 100 门、200 门、400 门、500 门等系列化的用户交换机，极大地填补了市场的空白。郑宝用带领下开始的用户交换机系列产品在 1992 年给华为带来年总产值超过 1 亿元，总利税超过 1000 万元的销售业绩。

华为等标杆企业，在人才选配方面，有哪些经验值得我们借鉴？

（一）人才招聘：最合适的，就是最好的

"企"之一字，有"人"为企，无"人"为止；先要有人，才有业绩。人是企业的根基。而"人"之一字，捺在撇上为"入"，撇捺分开为"八"，交叉则为"×"：只有合适，方为有用之才。企业发展，在于选人；而选人之道，在于精准。

标杆企业在招聘新人时，第一个原则就是"合适的才是最好的"。所谓"合适"，主要从"软"和"硬"两个角度去衡量，"软"是指要认同企业文化，主要从应聘者的个人态度、个性、喜好、兴趣等方面来考察；"硬"是指要满足岗位要求，主要从应聘者的学历、年龄、技能等来考察。

企业招聘最重要的是要建立岗位人才标准，这其实就是一把尺子。这把尺子通常有两个维度，第一个维度是该岗位的能力素质要求，第二个维度是个人的价值观是否与企业的核心价值观一致，如图 9-1 所示。

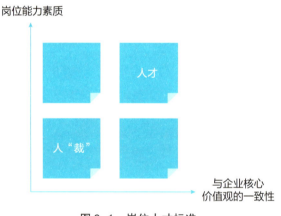

图 9-1　岗位人才标准

如果在这两个维度上人与企业的要求都能完美契合，那么这个人就是企业所需要的人才。

从长期来看，价值观的重要性要远远超过能力素质。

华为内部章程专门阐述了其人力资源政策，华为坚持选拔管理者的三个标准如下：

第一，具有敬业精神，对工作认真。改进了，还能改进吗？还能再改进吗？

第二，具有献身精神，不能斤斤计较。

第三，具有责任心和使命感。这将决定管理者是否能完全接受企业的文化，担负起企业发展的重担。

华为内部章程提到的这三条，不管是敬业精神、献身精神还是责任心或使命感，都和素质有关系。

随着工作的逐渐深入，价值观的差异会让员工与企业之间的嫌隙逐渐变大。对于企业而言，这无异于一颗不定时炸弹，一旦爆发就会产生重大的不利影响，而且能力越突出的，对企业的负面影响越大。

也就是说，从企业长远发展来说，选人首要考虑的是价值观因素，其次是能力素质与岗位要求的匹配程度。这就是人才选拔的"尺子"——把合适的人放在合适的岗位。

（二）人才搭配：用其所长，补其所短

金无足赤，人无完人，优点突出的人缺点同样突出。我们也常听到一句话：没有完美的个人，只有完美的团队。团队组建不单指企业的核心领导团队，还包括一个部门的领导团队、一个项目的领导团队等。

无论什么团队，在组建时都要坚持八字方针——价值趋同，优势互补。其人才搭配坚持"狼狈计划"原则。团队强大战斗力，来自核心成员价值观一致且优势互补所形成的合力。

标杆企业通过精准选择和合理配置人才，确保了企业能够拥有最优秀的人才队伍，并充分发挥他们的潜力，为企业的持续发展和创新提供了有力的支持。

（三）人才评估：既要评价业绩，也要评价能力

标杆企业在进行人才评估时，确实强调既要评价业绩，也要评价能力。这种全面的评估方式有助于企业更准确地了解员工的整体表现和发展潜力，从而做出更合理的人才决策。

绩效—能力九宫格，如图 9-2 所示。

在评价业绩方面，通过设定明确的绩效指标和 KPI，对员工的工作成果进行量化评估。这有助于确保员工在完成任务和实现目标方面的表现得到客观、公正地衡量。同时，通过对比员工之间的绩效差异，企业可以发现高绩效员工和低绩效员工，进而为人才激励和工作改进提供依据。

在评价能力方面，注重对员工的专业技能、领导能力、团队协作能力等多方面的考察。这可以通过多种方式进行，如 360 度反馈法、关键事件法、行为面试法等。这些评估方法有助于全面了解员工的能力状况，发现员工的

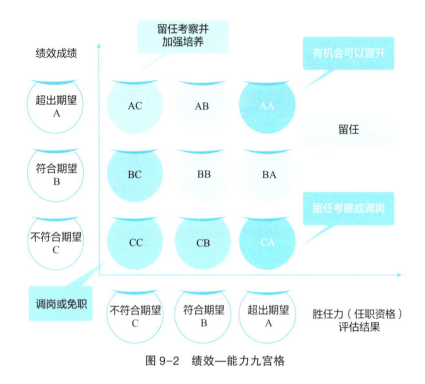

图 9-2　绩效—能力九宫格

优势和不足，进而为人才培养和发展提供有针对性的建议。

（四）骨干任用：既要任人唯贤，还要动态管理

标杆企业在骨干任用方面，确实贯彻了"既要任人唯贤，还要动态管理"的原则，这一原则充分体现了对骨干选拔和管理的深入理解和高度重视。

标杆企业实施高层骨干轮流制。建立 EMT（Executive Management Team 经营管理团队），确立八名核心管理者担任 EMT 成员，并选择以"轮值主席"的形式进行运作。再从 EMT 中选出三位，轮流担任企业 CEO，任期六个月。

轮值期间，CEO 主要负责两个方面：提升企业的整体业绩水平和长期竞争力，领导处理突发和紧急事件。

轮值期间，轮值 CEO 既要保留原来的职位，对所管辖部门的工作进行管理，同时也要作为 CEO 综合协调其他部门，统筹管理企业整体。

常规化和局部化管理，依然沿用 EMT 管理模式。

选拔骨干的"三优先"原则，如图 9-3 所示。

选拔骨干中需要坚持的四项原则，如图 9-4 所示。

优先选拔有成功实践经验团队中的佼佼者：基层工作经验是必需的一项评价指标

优先在艰苦地区选拔骨干：逆境成才，是放之四海而皆准的人才成才法则

优先选拔责任感强、有自我批判精神、有领导力的员工：权力不是要别人服从你，而是要你告诉大家如何一起干

图9-3 选拔骨干的"三优先"原则

管理者要具备踏实的办事能力、强烈的服务意识与社会责任感，能够不断提高自身的管理能力

管理者要具备领导力和良好的工作作风

要站在公司的立场选拔骨干

管理者必须具备培养超越自己的接班人的意识，具有承受变革或调整的素质

图9-4 选拔骨干的四项原则

标杆企业实施"能上能下，能进能出"的动态管理机制。实施"能上能下"的动态管理机制，可以让骨干既感到自己的能力被认可，又会负起责任，不敢放松。

动态管理意味着企业会根据战略的发展、市场环境的变化以及骨干个人的成长情况，对骨干进行适时的调整和优化。通过制定明确的岗位职责和目标，对骨干进行定期评估和反馈，根据评估结果对骨干进行晋升、降职或调整岗位等处理。这种动态管理方式，有助于激发骨干的积极性和创造力，促进企业的整体发展和创新。

此外，标杆企业在骨干任用方面还注重梯队建设和后备骨干培养。通过建立完善的骨干培养和选拔机制，确保了企业能够源源不断地涌现优秀的骨干人才。同时，还鼓励骨干进行跨部门、跨领域的交流和轮岗，以拓宽其视

野和增强其综合能力。

（五）人才成长：效率为先，效果为王

标杆企业极度关注人才的培养，坚持"效率为先、效果为王"的人才成长理念，致力于打造高效、高质的人才队伍，以支撑企业的持续发展和创新。

效率不仅是指工作速度，而且更包括工作流程的优化、资源的合理配置以及团队协作的顺畅。因此，标杆企业注重通过流程优化、技术创新等方式提高工作效率，让员工能够在有限的时间内完成更多的工作，并腾出更多的时间和精力用于创新和提升自我。

同时，标杆企业也非常注重效果，即工作的实际成果和价值。鼓励员工以结果为导向，关注工作的实际效果，而不是仅仅停留在表面的忙碌和形式上的完成。通过设定明确的业绩指标和考核标准，确保员工的工作成果能够得到客观、公正的衡量和评价。

在人才成长过程中，标杆企业还强调持续学习和自我提升。只有不断学习新知识、掌握新技能，才能适应不断变化的市场环境和业务需求。因此，标杆企业提供了丰富的培训和发展机会，鼓励员工不断学习和成长。

（六）人才培训：不可缺少的一环

标杆企业一直将人才培训视为其发展中不可或缺的一环，这体现了企业对人才培养的高度重视和深远战略眼光。

标杆企业人才培养的有效施行离不开两个关键点：横向人才复制，纵向育才利益挂钩。其在全球业务的快速拓展倒逼下，研发出了一套人才复制的标准化流程，如图9-5所示。

图9-5　人才复制的标准化流程

横向人才复制离不开企业管理层的权力参与，这就是"纵向育才利益挂钩"的诞生。为了保证育才效果，标杆企业把人才培养与管理者晋升资格挂钩，不能培养本岗位接班人的永远不能提拔。把人才培养效果作为骨干领导力的考核指标，纳入骨干胜任力体系中，且作为中高层管理绩效考核的重要指标，权重至少要占20%。

标杆企业从2012年开始，对新员工培训采用了"721法则"，为的是提升员工的能力。该法则就是培训内容70%来自实践，20%来自导师的帮助，10%来自课堂的学习，分为三个阶段，需要三个月时间，分别为：引导培训——导师先行（校园招聘后配导师辅导）、岗前培训——植入文化基因（5~7天）、在岗培训——深入一线（边干边学、边学边干）。

二、文化锻造：道术合一、知行合一方能成就事业

标杆企业的文化锻造理念中，"道术合一"与"知行合一"是两个核心理念，它们共同构成了标杆企业企业文化的基础，并在推动其事业发展中起到了至关重要的作用。

"道术合一"体现了其将企业文化与人才管理、业务运营紧密结合的思想。这里的"道"指的是企业的核心价值观、愿景和使命，而"术"则是指具体的管理方法和实践手段。其强调将企业文化融入企业的整个管理机制和体系中，使企业文化与人才管理、业务运营合二为一。这意味着不仅要有正确的价值观和理念，还要有一套与之相适应的管理方法和实践手段，以确保这些价值观和理念能够真正落地生根，并在实际工作中发挥作用。

而"知行合一"则强调了理论与实践的相结合。知识不仅是理论上的认识，而且更应该具有实践意义。因此，应鼓励员工将所学的理论知识和实践经验相结合，通过实践来不断巩固和深化对知识的理解。这种理念在标杆企业的人才培训和发展中得到了充分体现，其通过提供丰富的实践机会和挑战性任务，帮助员工将理论知识转化为实际工作能力，从而不断提升个人和组织的绩效。

很多企业的培训并不缺少方法论和工具，只是难在无法有效执行，因为文化与制度不能两张皮。但想要文化有效植入，需要从管理层做起，更需要与企业制度深度关联。

为此，标杆企业提出了"三步走"：第一步，明确企业文化纲要——使命、愿景与核心价值观；第二步，把文化纲要用符合企业实际的通用语言描述出来；第三步，所有制度建设，必须以文化为纲并不断审核一致性，随时进行调整。

可以说，标杆企业非常注重文化的传递，不仅在企业内员工共同学习，还把企业文化传递给客户与合作伙伴。

第二节

企业目标管理法

标杆企业的目标管理法是一种程序和过程，旨在使组织中的上级和下级共同商定目标，明确责任和目标，并将这些目标作为评估和奖励每个单位和个人贡献的标准，如图9-6所示。

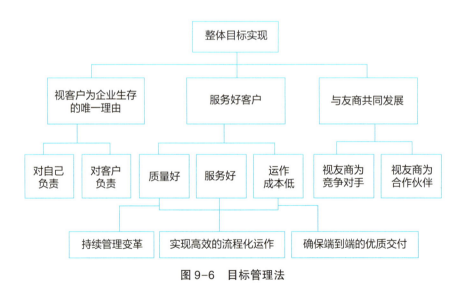

图9-6 目标管理法

首先，标杆企业在设定目标时遵循五项基本原则：具体、可衡量、可达到、各目标之间要有关联性以及目标设置要有时间限制。这些原则确保了目标的明确性、可衡量性和可实现性，为企业的战略规划和执行提供了坚实的基础。

其次，标杆企业实现目标的方式包括有效执行、绩效考核和合理调整目标三大手段。通过这些手段，其能够确保目标在执行过程中得到有效的控制和调整，从而保证目标的实现。

再次，在执行目标时，标杆企业注重以下几点：目标执行人要时刻记住企业的总体目标、自己的目标和工作进度安排，并加强自我控制；不仅要认真完成自己的工作目标，同时对未列入目标中的工作也要用心去做；加强沟通，确保在目标的设定和执行阶段都能及时发现问题并调整目标；及时汇报，以便上级对目标执行中的特殊情况做出反应并提出解决措施；鼓励下属自我控制，避免不必要的干涉。

最后，标杆企业还注重目标的分解和细化，将整体目标分解为各个部门和个人的具体目标，以确保每个员工都清楚自己的职责和任务。同时，其还通过绩效考核和奖励机制来激励员工积极实现目标，提高工作绩效。

一、执行力才是生产力

在标杆企业的发展历史中，其战略每次都能被有效实现，靠的就是员工那种"一往无前，不顾一切"的执行力。

员工的执行力之所以强大，有两个原因：一是创始人本人以身作则践行低调务实的工作作风，二是从制度层面对员工进行了有效的激励和约束。

除了创始人的以身作则，企业的管理模式和考核制度，则进一步从根本上保证了员工的执行力。其在发展阶段曾采取矩阵式管理模式，这种管理模式的特点是企业内部的各个部门之间能相互配合，通过彼此互助，对任何问题都能做出迅速的反应。毫无疑问，这种管理模式可以大大提高企业的整体执行力。

华为的销售人员在相互配合方面就表现出极高的效率，不但让客户惊叹，也让对手心寒，因为华为从签合同到实际供货最快只需要四天的时间。

把所有的工作内容流程化、量化，也是华为员工具备执行力的重要原因。

以接待客户来说，华为接待客户的能力曾经让一家国际知名的日本电子企业领袖大为震惊，他认为华为的接待水平是"世界一流"的。华为的客户关系被总结为"一五一工程"——一支队伍、五种手段、一个资料库，其中五种手段是"参观企业、参观样板店、现场会、技术交流、管理和经营研究"。

科学合理的考核评价体系，也是保证员工执行力的基础。

许多企业员工的执行力不佳，实际上来源于考核激励措施的不到位甚至是错位。有些企业反复强调以结果为导向的高绩效文化，但实际考核时，却是员工干好干坏一个样，甚至干得好还不如"说"得好。

华为市场部的强团队执行力，就是通过将个人绩效与团队绩效、企业绩效联系在一起得以实现的。华为的销售人员是没有提成的，他们的收入和团队的整体业绩息息相关，这就逼迫他们必须具有团队协作的精神，力争通过互相合作把团队的业绩做到最大化，而不是仅仅把自己的工作做好。这样一来，由于大家互相合作，团队的整体执行力就得到了保障。

二、每个人既是工作者，又是管理者

提到管理，我们首先想到的是领导、顶头上司或者老板，想到的是地位与层级的区分，想到的是上级对下层的控制与领导。

但对于标杆企业而言，企业里的每个人都在发挥自己的主观能动性，都在管理和控制好自身所从事的工作，这样才能确保企业成为一个富有纪律、富有责任感并且富有活力的组织。

在标杆企业倡导的理念中，每个人既是工作者，又是管理者，这一观点体现了标杆企业对人才角色的全面认识和充分利用。

作为工作者，每个员工都需要在自己的岗位上尽职尽责，完成工作任务，实现个人价值。这需要员工具备扎实的专业技能、良好的工作态度和高效的执行力。标杆企业鼓励员工不断学习和提升自己的能力，以适应不断变化的市场环境和技术需求。同时，标杆企业也提供了丰富的培训和发展机会，帮助员工实现个人成长和职业发展。

作为管理者，每个员工都需要具备一定的管理能力和领导才能。这包括团队协作、项目管理、决策判断等方面的能力。标杆企业鼓励员工积极参与团队管理和项目管理，通过实践来锻炼和提升自己的管理能力。同时，标杆企业也注重培养员工的领导力和创新思维，通过引导和激励，激发员工的潜力和创造力。

这种既是工作者又是管理者的角色定位，有助于员工更好地理解企业的战略目标和业务需求，从而更好地为企业的发展做出贡献。同时，这种角色定位也有助于员工实现个人价值和职业发展，提升自我认同感和成就感。

在标杆企业的文化中，这种理念也得到了充分体现。其强调团队合作和共同成长，鼓励员工之间的互相学习和交流。同时，也注重员工的自我管理和自我驱动，让员工在工作中发挥更大的主动性和创造性。

第三节

工作哲学

一、科学合理的工作原则

标杆企业科学合理的工作原则，是其能够在竞争激烈的市场环境中保持领先地位的重要因素。这些原则涵盖了从目标设定、任务执行到团队协作的各个方面，确保了工作效率和质量。

（一）坚持先易后难的原则

员工在面对工作的时候，不要急于动手，而应该有明确的规划，将那些容易解决的事情放在前面，困难的工作可以放到后面去解决。先易后难、由简入繁的做法，更加符合事物发展的规律，也符合工作进程。

先解决容易解决的问题，"先摘够得着的果子吃"，坚持"从小目标到大目标，从小任务到大任务，从生存到发展"的理念。

（二）先做那些重要的事情

对于重要的工作，不仅要率先去做，而且做的时候要集中力量专注于此，要投入更多的精力和时间。依据二八法则，那些 20% 最重要的事情，所具备的价值往往高达 80%，因此，工作者需要花费 80% 的时间和资源来做好那些重要的工作。

（三）按流程进行工作很重要

任正非提出了著名的管理学习"三化论"：先僵化，后优化，再固化。因为他知道，员工主观能动性、团队合作精神、艰苦奋斗精神，也就是外界津津乐道的所谓"狼性文化"，并不能百试百灵。虽然，当时以国内标准衡量，华为是相当成功的企业，但因为管理系统的薄弱，华为的管理水平与国际同行的差距还相当大。华为每年把销售收入的 10% 投入研发，但研发的效益仅仅是 IBM 的 1/6。供应链方面，当时华为订单及时交货率只有 50%，而国际领先企业为 94%。库存周转率 3.6 次/年，国际领先企业为 9.4 次/年。订单履行周期长达二十到二十五天，国际领先企业为十天。从人均销售额比较，华为的 100 万元人民币与国际领先企业的 50 万美元同样相差悬殊。

只有管理的职业化、流程化、表格化、模块化，才能真正提高一个企业的运转效率，降低管理成本。

（四）把工作变得简单一些

企业要做坚定的"崔西定律"的执行者，无论是部门还是个人，都必须进一步减少自己的工作量，简化自己的工作步骤。简化流程不仅能够有效解放更多的劳动力，节省更多的资源，还能够有效降低管理的难度与风险，降低工作流程中的错误率。

（五）用正确的方法去做对的事情

"正确地做事"强调的是效率，其结果让执行者更快地迈向目标；"做正确的事"强调的则是效能，其结果是确保执行者的工作能够坚实地朝着自己的目标迈进。两者结合起来，简单来说就是有效率地达成工作目标。

二、态度比能力更重要

能力决定我们能干多少工作，能把工作做到何种程度，但是，有能力并不代表能将工作真正做到位。想要把工作做好，做得更出色，还需要拥有良好的工作态度。"态度决定一切"，良好的工作态度往往左右工作效率和工作业绩。没有专注度，没有艰苦奋斗的精神，没有坚韧不拔的毅力，没有坚持到底的耐力，成功往往只是空谈。

（一）行胜于言，脚踏实地地做最重要

工作中，一定要从小事做起，从基层做起，坚持以客户为中心，机会一定偏爱脚踏实地的工作者。

华为内部有一个交流平台叫"心声社区"。在这个平台上曾有一位员工贴过一张被称为"蚊子龙卷风"的照片，它是非洲第三大湖——马拉维湖上的一种特有的自然现象，形状像是龙卷风，但它不是由于气旋形成的"龙卷风"，而是几亿只蚊子聚集在一起盘旋上升形成的一个自然现象。几亿只蚊子啊，所以最初到马拉维这个国家开拓市场的华为的市场人员、客服人员，几乎都得过疟疾。尤其是野外作业的员工，要安装基站、竖铁塔、挖沟埋电线光缆等，有的一年最多得过三次疟疾。疟疾是有遗传性的，夫妻双方如果有一方得了疟疾，三年之内最好不要生育，否则疟原虫就会传给后代，三年以后在医学上才能认为是安全的。这么艰苦的地方，条件这么差的地方，它的通信设备市场，几乎是一片空白。

西方企业不去这些地方。但华为切入国际市场，恰恰都从这样的地方先打开缺口，所以整个华为的人力资源政策很明确地就是要向这些到艰苦地区、到一线为企业开拓市场、创造价值的员工和骨干倾斜。

（二）努力成为一位奋斗者

每个人在企业获得发展的途径只有两个，一是奋斗，二是贡献。每个人的工作除了赚钱养家，还要和事业、荣誉、责任感联系起来。成为真正的艰苦奋斗者，就需要比别人多花一点时间在工作上，需要适当地增加自己的工作强度，需要提升自己的工作专注度。

"床垫文化"是华为加班文化中的一个重要印记，也体现出了华为人艰苦奋斗、吃苦耐劳的品格。技术很快就会过时，财富不可能买到一切，各种资源也都是有限度的，唯有艰苦奋斗的品质永远不会过时，它也永远都是提升

工作效率和促进企业发展的重要保障。

（三）工作中，始终不忘进攻、进攻，加快进攻

在工作中，所有人员都要倾尽一切完成工作目标。不要等机会找上门来，而是要拿出工作的热情来，端正自己的工作态度，保证足够的竞争意识。吸引、培养大量具有强烈发展欲望、扩张性的管理骨干，激发他们的团结能力，不顾一切地捕捉机会。

（四）保持足够的专注度，才能做出成绩

工作中，我们不要急于求成，要丢掉速成的幻想，无论做什么工作都要花费大量的时间才能做精、做透，需要保持足够的专注度，才能做出成绩。"点滴地奋斗和持之以恒地努力，才是提升工作能力和工作业绩的关键。"

（五）持续学习和进步的心态

正确的态度也意味着员工具备持续学习和进步的心态。一个快速发展的企业，需要员工不断适应新技术、新知识和新环境。只有保持学习的态度，不断提升自己的能力，才能在竞争激烈的环境中立足。

（六）团队合作和协作精神

团队合作是非常重要的价值观之一。员工需要具备良好的沟通能力和协作精神，能够与团队成员共同完成任务，达成目标。这种态度有助于营造积极向上的工作氛围，提升整个团队的凝聚力和战斗力。

相比之下，虽然能力对于员工在工作中取得成功也非常重要，但如果没有正确的态度作为支撑，能力往往难以得到充分发挥。一个态度消极的员工，即使具备再强的能力，也难以在工作中取得出色的表现。

因此，标杆企业强调"态度比能力更重要"，旨在引导员工树立正确的价值观和职业观，以积极的态度面对工作中的挑战和机遇，不断提升自己的能力和素质，为企业的发展做出更大的贡献。

三、沟通与交流的技术

标杆企业在沟通与交流方面，展现出了其独特的技术和策略。

（一）注重沟通的及时性和准确性

员工被要求将必要的信息在第一时间传达给利益相关方，以确保上下、平行沟通渠道的顺畅。同时，借助金字塔思维工具，员工能够确保沟通信息的准确性，从综述到具体细节，层层展开，直至信息足够准确。

（二）制定详细的沟通计划，掌握正确的沟通时机

在与高级领导或团队成员沟通前，员工会先确认对方的工作计划，以确保在不打扰对方工作的情况下进行沟通。此外，员工还会根据一天中的不同时间段，选择最适合的沟通内容，如工作问题适合在工作时间段内沟通，而私人时间则尽量避免打扰他人。

（三）在沟通工具方面，采用多种高效的沟通方式

通过 OCS（即时通信、音视频会议、呼叫中心、企业级网上会议、电子邮件、手机接入等多个模块组成的整合办公软件平台）进行即时聊天、视频会议等，这些方式都能够提高工作效率，优化多元沟通方式，满足企业内部联系与合作的需求。

（四）强调沟通传递内容的重要性，认为内容创造价值

随着技术的发展，沟通方式不断演进，但沟通的本质始终是传递更丰富的内容、更真实的情感，使沟通更加美好。标杆企业致力于通过通信技术实现人与人之间的远距离沟通，并在沟通中传递更丰富的内容和真实的情感。

四、自我提升

多数人并未意识到学习知识有多么重要，其实无论什么工作都有进步的空间，无论什么工作都需要不断发展和提升，而进步和提升需要不断学习，需要在学习中补充更多的新知识，需要在学习中丰富自己的技能。任何人想要赢得未来的竞争，想要长久地生存和发展下去，都需要学习。

首先，要懂得学习专业知识和专业技能，提升工作处理的能力。其次，向对手学习先进的理念和技术，积累丰富的经验。最后，对于自己薄弱的环节，要重点学习和提高，尽可能弥补自身的不足。正如投资大师彼得·林奇所说："任何资源都会过时，只有学习能够做到优势长存。"

标杆企业的创始人和领导者，对于自我提升都有着深刻的理解和坚持，

从而为员工树立了一个优秀的榜样。

首先，企业创始人自身就是一个不断自我提升的实践者。始终保持学习的热情和动力，不断吸收新知识、新技能，以应对不断变化的市场环境和技术趋势。只有不断进步，才能在竞争激烈的市场中立于不败之地。这种自我提升的精神，也深深影响了企业文化。

其次，企业创始人要具备精益求精的工作态度。只有对产品、对工作、对自己都有极致的追求，才能在激烈的市场竞争中脱颖而出。这种精益求精的精神，不仅体现在产品研发上，也贯穿于企业的各个层面，使员工能够在工作中不断追求卓越，实现自我价值。

再次，企业创始人要具备开放的心态和合作精神。只有与他人分享知识、经验和资源，才能实现共同进步和成长。因此，员工应积极参与团队合作，互相学习、互相帮助，共同为企业的发展贡献力量。

最后，企业创始人要具备低调做人的品质。真正的成功不是炫耀和张扬，而是用实力和成绩来证明自己。因此，要保持谦虚、低调的态度，踏实做事、认真工作，用实际行动赢得他人的尊重和信任。

五、更快乐地工作

"更快乐地工作"理念，其实是一种积极向上、自我驱动的工作态度和生活方式。它鼓励员工在工作与生活中找到平衡，以积极的心态面对工作中的挑战，从而在实现自我价值的同时，也享受到工作的乐趣。

第一，标杆企业倡导员工不把工作带回家里，充分享受与家人在一起的时间。这种理念有助于员工在工作之余得到充分的休息和放松，从而以更加饱满的精神状态投入到工作中。同时，它也有助于员工建立健康的家庭关系，为个人的全面发展提供有力支持。

第二，标杆企业认为做好工作应该要做得好、创造价值、展示优势、实现理想。这意味着员工需要不断提升自己的能力和素质，以更好地完成工作任务，为企业创造价值。同时，员工也应该在工作中发挥自己的优势，实现自己的理想和抱负。这种工作方式不仅能够让员工在工作中获得成就感，也能够为企业的持续发展提供动力。

第三，在薪酬方面，标杆企业强调工资奖金取决于创造价值。如果员工感觉薪水低，应该先审视自己的贡献。这种理念有助于员工树立正确的薪酬观念，激发他们的工作积极性和创造力。同时，它也有助于企业建立公平、合理的薪酬体系，吸引和留住优秀的人才。

第四，标杆企业倡导员工不嫉妒他人，用实力和业绩说话。这种理念有助于员工保持积极向上的心态，专注于自身的成长和发展。同时，它也有助于企业营造一种公平竞争的工作环境，让员工能够在平等的条件下展现自己的才华。

第五，在对待公平的问题上，标杆企业认为没有绝对公平。这并不意味着企业忽视公平问题，而是提醒员工要理性看待工作中的差异和不平衡。员工应该通过不断提升自己的能力和贡献来争取更好的待遇和发展机会。

第六，标杆企业强调小事也要安安心心踏踏实实地做。这种态度有助于员工在工作中养成严谨、细致的工作习惯，确保工作的质量和效率。同时，它也有助于员工在平凡的工作中找到乐趣和成就感，实现快乐工作的目标。

总的来说，"更快乐地工作"理念是一种积极向上的工作态度和生活方式。它鼓励员工在工作与生活中找到平衡，以积极的心态面对挑战，不断提升自己的能力和素质。同时，它也倡导企业为员工提供良好的工作环境和公平的竞争机会，让员工在工作中实现自我价值的同时，也享受到工作的乐趣。

六、企业的成功不是一个人的

企业的成功确实不是一个人的，而是整个团队共同努力的结果。华为人通过团队合作与群体行动，实现了企业的辉煌业绩。为了激发人才潜能并让人才为我所用，华为采取了一系列有效的策略。

（一）团队合作与集体意识

标杆企业强调团队合作的重要性，认为合作是相互帮助而不是相互利用，应当与和自己互补的人进行合作，实现资源和技术的最优配置，产生"1+1>2"的效果。这种合作精神确保了运作效率和团队合作的效率，使每个成员都能发挥出自己的最大优势。

在标杆企业的文化中，员工首先是员工，然后才是自己。他们始终以企业利益和效益为重，将个人努力融入集体的奋斗中。这种集体意识有助于形成强大的团队合力，推动企业的持续发展。

（二）鼓励员工专注于做好分内工作

标杆企业鼓励员工专注于做好分内工作，并明确各个部门和人员的职责。通过认真对待手中的任何一件工作，员工能够积累自己的记录和经验，为企业的成功做出贡献。这种明确的职责分工有助于确保工作的顺利进行，也培养了员工的责任感和敬业精神。

（三）摒弃个人英雄主义的做法

标杆企业摒弃个人英雄主义的做法，强调团队合作的重要性。员工需要放弃让别人"靠边站"的想法，懂得尊重别人的意愿，并与他人一起面对问题。这种团队精神有助于形成共同的目标和愿景，使团队更具凝聚力和战斗力。

（四）避免一言堂

标杆企业避免一言堂，注重民主决策和规则制度的重要性。将专业任务安排给专业人员负责，坚持民主决策，确保权力不高于制度与规则。这种管理方式有助于激发员工的创造力和积极性，提高企业的运营效率。

（五）保持开放和分享的姿态

标杆企业保持开放和分享的姿态，建立了完善的共享机制。员工之间互相支持、互相帮助，共同面对挑战和解决问题。这种开放和分享的文化有助于激发员工的创新精神和学习能力，促进企业的不断进步。

（六）团结一切可以团结的人

标杆企业在用人上，最大的特点就是承认自然领袖。"团结一切可以团结的人"向来是员工坚持的合作理念，无论是志同道合之人，还是相互竞争的对手，甚至是毫无交集的对象，只要有合作的契机，就可以主动去结交。

在企业中，人一直都是最大的资源，利用身边的人力资源，团结身边值得团结的人，这样才能确保自己的竞争优势达到最大化。

第十章
绩效管理
企业价值创造的文化支撑

真正的成功企业家，首先应该对企业的宏观战略有清晰的认识，以自己独特的思想认识影响和指导企业的发展。华为、小米、比亚迪等高科技企业，之所以成为中国民营企业的标杆，不仅仅因为它们用十年时间将资产扩张了1000倍，也不仅仅因为其在技术上从模仿到跟进又到领先，还因为其独特的企业文化，这种文化的背后则是创始人穿透企业纷繁复杂表象的深邃的思想力。

本章以在华为的绩效管理为例，分析"土狼文化"的深刻影响，这种文化为其价值创造提供了坚实的支撑。

第一节

企业实践

华为已经走过了三十余年的风风雨雨，员工规模也超过了 20 万人。要管理这么多员工，并非易事。在薪酬管理方面，有其独特之处。

其职位与薪酬管理的具体过程，可以用十六个字来概括：以岗定级，以级定薪，人岗匹配，易岗易薪。也就是工资管理的"十六字方针"。对于每一个级别，每一个岗位工资的确定，既要考虑外部竞争性，也要考虑内部的可支付能力和公平性。

岗级体现了企业从组织角度对岗位的称重，即岗位在企业生产经营活动中贡献价值的大小，按岗级付酬符合企业和员工个体的双重利益。人岗匹配、易岗易薪反映了灵活的能上能下制度，解决了大多数企业中员工"上得去、下不来"的问题。

一、以岗定级：建立职位和职级的关系

以岗定级通过职位职级表来确定，每一个职位会对应一个确定的职级，这个职级就是这个岗位对企业贡献的价值评估，包括了对组织绩效的评估、对岗位价值的评估和对任职者个人的评估。

这里华为做了两件事情：

第一，对于每一类岗位确定岗位序列，例如研发岗位序列、市场岗位序列等。其中，研发岗位序列又包含了助理工程师、工程师、高级工程师等渐进的职位。

第二，对职位序列进行评估，评估的重点在于职位的应负责任是什么，

控制的资源是什么，产出是什么，以及这个岗位面对的客户和环境的复杂性程度怎样，并参考承担这个岗位的人需要什么样的知识、技能和经验等。这里面最主要是通过职位承担的岗位职责和产出来进行衡量，衡量的结果用一个职级的数字来进行描述。做完了这两步，就建立了一个职位和职级的对应关系。

二、以级定薪：界定工资范围

以级定薪实际上就是一个职级工资表。华为的薪酬使用的是宽带薪酬体系：对于每一级别，从最低到最高都有长长的带宽，每一个部门的管理者，可以对自己的员工，根据绩效在这个带宽里面进行工资调整。

在同一级别里面，可以依据员工的绩效表现，在每年的企业例行薪酬审视中，或者当员工做得特别优秀时提出调薪申请。由于不同级别之间的薪酬区间存在重叠，员工即使不升级，只要持续贡献，绩效足够好，工资也可以有提升空间，甚至超过上一级别的工资下限，这样有利于引导员工在一个岗位上做实做深做久，有助于岗位稳定性。

以级定薪对于每一个级别的员工在企业能拿多少工资进行了一个界定。每一个主管可以根据以岗定级来确定员工的职级，然后对应在级别上，确定员工的工资范围。

三、人岗匹配：人与岗位责任的匹配评估

所谓人岗匹配，就是认证员工与岗位所要求的责任之间的匹配度，以确定员工的个人职级及符合度。人岗匹配核心是看他的绩效是不是达到岗位的要求、行为是不是符合岗位职责的要求，另外还包括一些基本条件，比如知识、技能、素质、经验等。

如果出现岗位调动，一般来说，人岗匹配是按照新的岗位要求来做认证。认证往往都在新岗位工作三个月或半年以后才进行，而不是调动之后立即进行。等到人岗匹配完成后，根据新岗位要求的适应情况确定员工的个人职级及符合度，再决定相应的薪酬调整。

四、易岗易薪：关注职级和绩效

如何在人岗匹配之后确定薪酬的调整，就是易岗易薪要解决的问题了。

易岗易薪是针对岗位变化了的情况，一种是晋升，另一种是降级。晋升的情况，如果员工的工资已经达到或超过了新职级工资区间的最低值，他的工资可以不变，也可以提升，主要看他的绩效表现；如果尚未达到新职级工资区间的下限，一般至少可以调整到新职级的工资区间的下限，也可以进入到区间里面，具体数额也取决于员工的绩效表现。降级的情况，也是根据员工的绩效情况，在新职级对应的工资区间内确定调整后的工资，如果降级前工资高于降级后的职级工资上限，需要马上降到降级后对应的职级工资上限或者以下。

第二节

土狼文化

对于团队的绩效考核，通常会从考核项目上进行，通常分为两类：结果导向为主和行为导向为主。无论哪类，华为秉承的都是绩效考核不好不是一个人的责任，而是整个团队的责任。

一、绩效从来都不是一个人的事情

任正非曾在《一江春水向东流》中这样说道："早期的华为山头林立、主义多元。中国民营企业如何破解原始积累时期的个人英雄文化对组织健康的威胁？大多数民营企业成功之后又迅速垮掉，多是因为没有跨越这个坎。"

从任正非的话中可以看出，在华为，绩效从来都不是一个人的事情，而是一个团队的责任。华为在创立不久之后，任正非就将个人英雄文化加以改造，使之自然演化成为现在华为内的群体英雄文化，概括成一句话就是把华为内部的"狮子"和其他的动物一起变成了"群狼"。这样的做法使得华为内部出现了具有空前凝聚力的团队，能够一经召唤就迅速集结，进入战斗状态。

华为人一直以来有着这样一个理念：成功是集体努力的结果，失败了需要集体承担责任。华为人从来都不会将成绩归于个人，当然也绝不把失败视为个人的责任，大家要同甘共苦。当然，有的时候在工作中，华为的管理层和普通员工之间还是存在一些差异性的，但除此之外，华为人都是一样的。

二、"群狼"打造高绩效

华为人常说起自己在华为的生活是"激情燃烧的岁月"，只要他们翻开华为的宣传资料，就会发现自己好像又回到了奋斗年代。基本上大家对华为的了解也都是通过类似于"土狼文化""床垫文化"等。

华为之所以会这样做，是因为希望全体员工都能在工作中雷厉风行，服从公司决定。所以华为利用各种管理方法和制度，让这种"群狼"的企业文化理念在员工心里落地生根，从而打造高绩效。

曾在华为工作了整整十年的老员工黄某回忆道："在华为的十年里，血脉里燃烧的全是被老板点燃的干劲与热情。在那种氛围里，我们变得很单纯，除了工作就是工作。"但也正是这种"狼性文化"的管理，促使华为内部员工的团队精神非常饱满。

任正非说："企业经营要警惕所谓的'狮子文化''老虎文化'——老虎是百兽之王，今天却成为人类保护的对象，因为高贵的基因是稀缺的，所以王者就成了濒危动物。"

华为人秉承任正非话语中的意思，绝不做稀缺的狮子、老虎，而是要做靠团队取胜的"群狼"，利用团队这个工具，大家齐心协力地去工作，不为自己一丝一毫的得失斤斤计较，始终想着团队大目标的实现，顺利地完成团队任务，创造高绩效。

三、"土狼文化"渗透到华为人的血液中

华为非常崇尚"土狼文化"，狼有三种特性：其一，有良好的嗅觉；其二，反应敏捷；其三，发现猎物后集体攻击。华为认为狼性是企业学习的榜样，"群狼"比"狮子""老虎"更厉害。

任正非所坚持的"土狼文化"，造就了华为一支支高素质的战斗团队，"胜则举杯相庆，败则拼死相救"，团结起来，战无不胜，攻无不克。

敏锐的嗅觉，不屈不挠、奋不顾身的进取精神，集体合作与团体奋斗意识，这些是狼身上体现出来的主要特征。

这种"土狼文化"已经逐渐渗透到华为人的血液中，融入华为管理的各个环节，团结协作、集体奋斗成为华为企业文化之魂。

四、"土狼文化"融入人力资源管理

华为人力资源管理最显著的体现，就是高层与基层员工除了工作和工资上的差异外，没有任何特权。例如，华为高层不设专车，食堂吃饭一样排队、付费。华为的人力资源管理，已经将人人平等、集体奋斗、个人利益必须服从集体利益、个人努力融入集体奋斗的文化融入了员工的血液中。

而这些，正是许多企业在人力资源管理中所欠缺的，直白地说，就是企业的人力资源管理体系无法带给员工归属感。华为以文化为支撑的人力资源管理，在具体落地实施方面，带给员工的感受只有一个字，那就是"家"。而这，也是华为人力资源管理体系的精髓之一。

第三节
分配机制

一、薪酬绩效计算

通常，企业员工所获得的报酬是一个整体报酬，包含薪资、福利、学习与发展、工作环境四部分。其实，企业除了薪酬之外，还有更好的吸引、保留、激励员工的方法。华为的整体薪酬战略包括竞争性薪酬定位、薪酬构成、风险与报酬的关联、绩效指标和标准，如图10-1所示。

华为工资管理理念如下：员工工资的确定基于其所承担的岗位责任、实际贡献的大小和实现持续贡献的任职能力。员工的学历、工龄、社会职称等不作为其工资确定的要素。

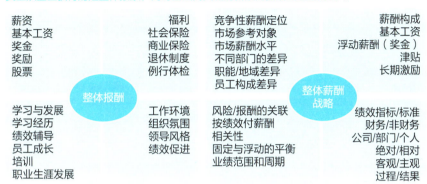

员工从企业获得的是整体报酬，同时基础而关键的薪酬需要给出适配的战略

薪资	福利	竞争性薪酬定位	薪酬构成
基本工资	社会保险	市场参考对象	基本工资
奖金	商业保险	市场薪酬水平	浮动薪酬（奖金）
奖励	退休制度	不同部门的差异	津贴
股票	例行体检	职能/地域差异	长期激励
		员工构成差异	

整体报酬　　　　　　　　　整体薪酬战略

学习与发展	工作环境	风险/报酬的关联	绩效指标/标准
学习经历	组织氛围	按绩效付薪酬	财务/非财务
绩效辅导	领导风格	相关性	公司/部门/个人
员工成长	绩效促进	固定与浮动的平衡	绝对/相对
培训		业绩范围和周期	客观/主观
职业生涯发展			过程/结果

图 10-1　华为整体报酬与整体薪酬战略

奖金分配要打破横向平衡。打破横向平衡就是要打破产品线和区域之间的平衡、打破产品线和区域内部的平衡、打破人与人之间的平衡。要向高绩效者倾斜，从而激发员工干劲，提升绩效，发挥奖金的激励和牵引作用。

奖金分配过程应及时、简单和高效。各部门可根据一定原则在一定额度范围内，按照事先经上级部门批准的分配方案，通过预支奖金或使用余留奖金等多种方式对所属各级组织或员工进行激励。

企业奖金的生成及管理机制应以团队单元为基础，以牵引公司各级组织和员工提升绩效并完成业务目标。各体系管理团队及人力资源部作为责任部门负责体系内奖金方案的制定和落实。

以上描述的是个人的激励回报，同时需要了解的是华为自上而下的管控机制。华为人力资源委员会对薪酬包和人力预算整体的管控是以预算单元（各灶）为单位的"分灶吃饭"，按不同类别分别采用薪酬包占比、薪酬包或定岗定编方式进行预算授予和管理，并根据实际业务完成及预测情况进行月度和季度动态管理。

一个员工从企业里获得的整体报酬包括薪资、福利、学习与发展、工作环境等维度。企业如何考虑整体报酬的构成及其比重，使用最优组合匹配员工需求，从而最终实现吸引人才、留住员工、激励员工的目标呢？调查显示，在这三个场景中最重要的驱动因素各不相同，如图 10-2 所示。

最重要的十个 吸引人才的驱动因素		最重要的十个 留住员工的驱动因素		最重要的十个 激励员工的驱动因素	
薪资 ②提供有竞争力的基本工资 ⑧与个人绩效相联系的薪酬增长	**福利** ①提供有竞争力的医疗保险福利 ③工作和生活的平衡 ④提供有竞争力的退休福利	**薪资** ⑥提供有竞争力的基本工资	**福利** ⑩对日常生活所需福利的总体满意度	**薪资**	**福利**
学习与发展 ⑤职业发展机会 ⑥有挑战性的工作	**工作环境** ⑦同事的能力 ⑨工作的认可 ⑩公司的声誉	**学习与发展** ①职业发展机会 ②留住能力强的员工 ⑨发展员工的技能 ⑧有挑战性的工作	**工作环境** ③总体工作环境 ④客户导向 ⑦管理人员提供清晰的目标 ⑤管理人员激发工作热情	**学习与发展** ②有挑战性的工作 ④客户导向 ⑤职业发展机会 ⑩高级管理层的愿景	**工作环境** ①高级管理层对员工的关心 ③决策权 ⑥公司的声誉 ⑦同事间的协作 ⑧完成工作的资源 ⑨决策执行

图 10-2 吸引人才、留住员工、激励员工的最重要的因素

从薪资、福利、学习与发展、工作环境维度来看，最重要的十个吸引人才的驱动因素相对比较均衡，其中以福利和工作环境最为明显；最重要的十个留住员工的驱动因素中，员工通常会首先考虑学习与发展、工作环境；最重要的十个激励员工的驱动因素全部在学习与发展、工作环境中。因此，非物质激励的内容在现代企业已变得尤为重要。非物质激励的主要手段，如图 10-3 所示。

非物质激励成为现代企业中尤为重要的激励手段

- 工资
- 年度奖金、项目奖
- 股票期权
- 各类外派补助、假期、探亲福利、住宿和车辆服务
- 社会保险和商业保险
- ……

- 奋斗者休整
- 健康、保健项目
- 物理环境改善（绿化、空气新风、设施等）
- ……

- 愿景与目标牵引
- 职位晋升
- 机会(内部人才市场、高层曝光)
- 授权（包括自主决定工作方式、承担更大责任）
- 培训/辅导（包括IDP等）
- ……

- 荣誉激励（金牌奖、总裁奖等）
- 沟通（绩效管理、MFP等）
- 人文关怀：归属、接纳、友谊等（如3+1活动）
- ……

图 10-3 非物质激励的主要手段

作为一家企业，最重要的是三件事：一是带领大家赚到钱，二是赚到钱之后把钱分好，三是想方设法让大家持续地在一起。

二、奖金获取分享机制

华为奖金获取分享机制包括四个层级：企业、体系、部门和个人。

（一）企业层面的奖金设计

华为要如何把每一年的奖金分给大家？企业层面上采用获取分享制。也就是说，企业层面的总奖金包是有一个计算公式的。在企业层面上，奖金是根据收入、利润、回款三个要素生成的。华为企业层面上的总的奖金包生成，如图 10-4 所示。

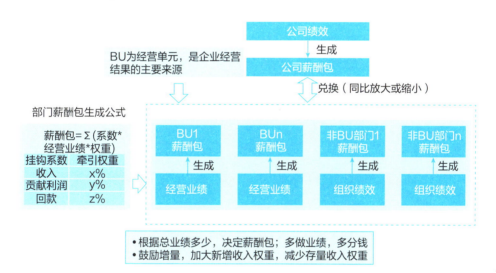

图 10-4　华为企业层面上的总的奖金包

华为核心业务有三块（不包括云业务、数字能源及 CBG）：一是消费者 BG 的业务，二是运营商 BG，三是企业 BG。这三块业务所处的发展阶段和企业对它的战略诉求是不一样的。

运营商 BG 是华为最成熟的业务，企业对于成熟的业务，最看重的是利润，所以在生成运营商 BG 这个总奖金包的时候，利润的权重会占大头，对应的收入、回款占的权重小一些。

企业 BG 在华为属于成长型业务。企业既关注利润，还关注收入，所以在其奖金生成的时候，收入和利润的权重是对等的。

在 2019 年之前，消费者 BG 贡献了华为绝大部分的利润。企业对于消费者 BG 的奖金生成同样是看重收入和利润。大家知道，To C 的业务里面，回款往往不是公司最核心的问题，所以在生成消费者 BG 奖金包的时候是不用考虑回款的。

因为企业对这三块业务的战略诉求不一样，所以生成奖金的指标和权重也是不一样的。这个奖金生成的指标和权重，代表的是战略诉求，代表是企业的战略的牵引。

(二) 体系层面的奖金设计

从企业层面往下是有体系层的，体系层的奖金包是如何产生的呢？它是有一个固定比例的。为什么是固定比例呢？华为在体系层奖金设计的时候考虑的东西是什么呢？是体系之间分配的均衡性。

我们可以回溯一下华为奖金的发展历史。早期的时候，华为是没有产品的，更多是做代理，所以在那个时候销售很重要，销售体系的人均奖金会比其他部门高很多。但是慢慢就有人说，我们要做自己的产品，研发很重要，后来慢慢地华为研发的奖金也上来了。后来，华为又开始注重职能平台。

各个企业都有类似的情况，奖金设计的时候都会有差异和侧重，有些企业是研发在驱动，有些是销售在驱动。在华为，体系之间的奖金差异是被有效管控的，比如说，运营商 BG 是单独生成一个奖金包的，生成完之后发到运营商 BG 对应的销售区域，那分配给研发和分配给区域的时候，孰高孰低呢？在华为的运营商 BG 里面，因为现阶段更重要的还是区域，所以区域的奖金的平均水平会比研发略高。

另外，华为的消费者 BG 跟运营商 BG 不一样，消费者 BG 在很早就确定了，它更多是产品驱动，为了把产品做到极致。所以，在消费者 BG 里面，产品的重要性其实是大于区域的。所以说，奖金的分配差异是需要管控的。

(三) 部门层面的奖金设计

体系往下是部门，部门的奖金包是如何设计的呢？以华为的销售组织为例，最上面是区域，其实对应的是华为的销售体系区域的奖金，区域往下有很多地区部和代表处，每个地区部和代表处的奖金又是如何生成的呢？

其实在部门的层面，华为采用的方法仍然是获取分享制。它的奖金同样是从收入、利润、回款这三个指标来生成，但它的权重是有差异的。

如果是成熟型的区域，更重要的是利润，相对应的利润生成奖金应该是大头，收入占小头；如果是成长型的区域，企业的战略诉求更多关注的是收入、规模，而不是利润，所以这个时候收入的权重要远远大于利润的权重。这就是华为经常讲的一区一策略，也就是不同的区域是不一样的。

每个部门获取分享生成的奖金跟体系的总奖金包之间可能是不一致的，华为怎么去解决部门和体系之间奖金的差异呢？它采用的一个方法叫兑换机制。

也就是说，下面的每个部门的奖金包加在一起之后，跟体系之间的奖金要按比例兑换。举个例子，假如体系层面是一亿元，部门层面是 9000 万元，那么部门层面大家都同比例变动。

所以，华为奖金的逻辑首先是生成，其次是兑换。

下一个步骤是什么呢？是不是每个部门跟体系之间兑换完了，部门的奖金包就直接确认下来呢？

其实也不是，因为它还有最后一个动作，即调节，也就是在体系内部兑换完了以后，上级部门对于这个部门的奖金还有一定的调节权。在华为，针对不同的业务成熟度，奖金的调节比例从 10% 到 30% 不等。

为什么要让上级的体系部门有这个调节权呢？主要的原因还是要考虑激励的结构性问题和上级组织管理上的一些诉求。

例如，2017 年华为有一个市场区域在印度，受国际局势影响。印度代表处签了很多合同，但是合同没办法交付，到了年底的时候，印度代表处的业绩肯定不好。

如果完全按照获取分享制来算的话，这个代表处的奖金肯定会很低。这个时候就需要在印度代表处往上一级的体系层进行调节。为什么要调节呢？不是说要拉开差距，多劳多得吗？为什么还要增加奖金呢？这就是华为的"削峰填谷"。

这样做的原因跟华为的很多理念有关系，因为华为的业务是"木本生意"而不是"草本生意"。草本生意就像我们种水稻一样，春天的时候播种，秋天的时候就可以收割，一年一季，收获的时间很快；但是华为的生意是 To B 的生意，木本生意，从进入印度到最终市场开发，至少要三到五年的时间，最后才有产出。假如说因为某一年业绩不好，华为给的奖金很低，那么这个部门的士气就不好，很多人就会离职，这个团队就散了，自然很多客户就会丢失。

其实对于一些业绩不好的地区或部门，华为是有一些补贴机制的，当然补贴也是有原则的，并不是无限制的补贴。至少有一个原则，就是对补贴的部门，你的奖金比其他正常的部门的人均奖金肯定是要低的，不会出现补贴的部门的奖金比其他正常的部门的奖金还要高。

（四）个人层面的奖金设计

1. 火车头奖金方案

部门层面生成奖金之后怎么到个人呢？其实在华为，个人层面又细分为两个人群，一个是部门主管，另一个是普通员工。部门主管在华为会专门做一个奖金方案，叫部门火车头奖金方案，火车头奖金方案是怎么设计的呢？

首先针对每一个部门的主管，华为会给他设计一个目标奖金，这个目标奖金主要是基于对应的这个岗位的责任，还有历史上他的奖金水平，还有内部同样的岗位之间的公平性。

比如，在华为的代表处，小的代表处可能是 20 级，大的代表处可能是 24 级；小的代表处一年能挣 1 亿美金，大的代表处一年能挣接近 300 亿人民币。这种小的代表处和大的代表处的目标奖金可能是不一样的，比如说 20 级的代表处目标奖金可能是 100 万元人民币，24 级代表处的目标奖金可能是 300 万元人民币。

奖金的设计，主要考虑两个维度：一是历史上这些代表处大致的奖金水平，二是要考虑代表处之间，包括代表处跟产品线、职能平台之间奖金水平之间的公平性。它首先会设定一个目标奖金，然后乘以这个部门负责人的业绩系数，这个业绩系数专门有一个考核方案叫火车头奖金考核方案。

火车头奖金考核方案，主要考虑三个维度：牵引增长、牵引预算、牵引战略目标。

牵引增长主要跟你的业绩增长率挂钩，跟你的收入、利润、回款等的增长率挂钩。牵引预算就是牵引目标，这个目标同样也是看收入、利润和回款等一些财务指标的目标的达成。牵引战略目标就是华为每年在做战略规划的时候，每个部门都会形成的一个战略任务清单。

比如说，在华为的代表处，包括在华为的地区部，通常考核的战略目标有 5 到 10 项，这些战略任务是一把手工程，所以在一把手部门火车头的考核中会专门有一个权重考核战略目标的实现。牵引增长、牵引预算、牵引战略目标这三者的权重通常是4：3：3，再根据这三个维度算出最后的业绩系数。

明确了目标奖金的逻辑和业绩系统的逻辑后，部门火车头完整的奖金算法，是用目标奖金乘以三个维度按4：3：3的权重算出来的一个业绩系数，通常这个系数大概在0.5到1.5之间。如果你的目标奖金是100万元，你的三个指标算出来的业绩系数是1.2，那么你的奖金就是100万元乘以1.2变成120万元。这里同样有一个调节机制，他的上级主管会对他有一个10%～30%左右的调节权。

2. 个体奖金分配

在华为，个体奖金分配是不会有非常详细的规则的，只会有一些整体性的要求。在分配和评议个人奖金的时候主要看三个维度。

第一，一定是基于个人责任贡献来评议，要看他的业绩，看他的产出，看他对部门价值创造的贡献。

第二，在华为，个人绩效等级分为A、B+、B、C和D，D等级一般是没有奖金的，C等级原则上是没有奖金，但实际上，部门往往还是会给一点。A等级毫无疑问是绩效优秀者，所以要向他倾斜。通常我们讲A等级的奖金，应该是B等级奖金的三到五倍，当然，这是任正非希望能达到的一个效果，就是拉开差距，但在实际实践下来，还是很难做到这么大的一个差距，实际这个倍数是二到三倍。

第三，有了这些原则，谁来评呢？华为每个部门都有个AT（行政管理团队）。普通员工是由自己的直接主管建议，然后再由AT最后批准。

三、激励法则：力出一孔，利出一孔

华为成功发展的一个原因就是"把钱分好"，企业生存与发展本质上依赖利益驱动机制，而华为在效率优先、兼顾公平、可持续发展的价值分配基本原则下，强调全面回报的价值分配理念。华为激励法则：力出一孔，利出一孔。

不管是为了提升企业的竞争力，还是因为想要让员工始终保持对工作的热情，企业都需要做好一件事——实行有效的激励法则。

一个企业在不断地发展运行过程中不可能仅仅沿着一个固定轨迹去向前发展，因为历史的规律就是当企业发展到一定程度的时候会出现停滞现象。这个时候企业是选择一叶障目地继续沿着固定轨迹吃老本，还是未雨绸缪，用自己的雷达搜寻企业中有哪些可能变化的因子，让企业进入拐点，让企业焕发第二次生机，继续向前稳步前进，都是企业需要思考的问题。

正如任正非所说，在历史上有很多的大企业，发展运行过程中稍有不慎，就会错过了拐点，进入到下滑通道，成为倒下的那一个。所以，要想"下一个倒下的"不是华为，就需要华为人能始终坚持"力出一孔，利出一孔"。

所谓"力出一孔"，指的是华为的业务聚焦，也就是华为一直都在坚持的聚焦管道战略，即要沿着信息管道进行整合和发展，不管是在"云—管—端"的战略运用，还是华为在进军消费和企业市场时，都坚持这一战略。

华为从 2013 年开始奉行"聚焦战略，简化管理，提高效益"原则。对于华为的聚焦战略，任正非用"力出一孔"进行了描述："水一旦在高压下从一个小孔中喷出来，就可以用于切割钢板。同样，火箭燃烧后的高速气体，通过一个叫拉瓦尔喷管的小孔后能产生巨大的推力，可以把人类推向宇宙。可见力出一孔，其威力之大。"

所谓的"利出一孔"，指的是华为实行的"财散人聚"，主要是运用激励的法则保持华为内部的知识型员工艰苦奋斗，顺利地把自身打造为一家以知识为本的高科技企业，然后更好地持续为客户创造价值。这样也有效保证了华为管理层的廉洁自律，同时实行员工持股制度，使得华为内部从组织上和制度上，堵住了想要谋取个人私利的行为，使得华为的堡垒坚不可破，绝不会从内部被攻破。

就是这样一个简单的认知，使得华为的激励制度和国内很多的同类企业有了很大区别。

华为的员工持股制度具体的表现形式是：华为第一大股东的任正非仅占 1.01% 的股份，其余的 98.99% 都为员工持有。截至 2016 年，华为内部约 17 万员工中的大部分员工都已经持有了公司股份（没有任何外部资本股东）。可以这样说，华为的这一创新举动直接促使其成为全球未上市企业中，员工持股人数最多、股权结构单一和股权最为分散的企业。

华为的员工持股制度，如图 10-5 所示。

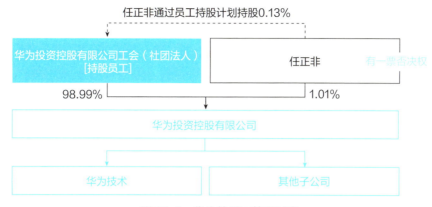

图 10-5　华为的员工持股制度

但是，企业中并不是所有的员工都能持股，华为员工可持股份额是依据"才能、责任、贡献、工作态度、风险承诺"等几项指标确定的，员工持股计划的核心是让员工将个人身家和前途与公司绑定。

举个简单的例子，如果你是一名华为的前台、秘书或是司机等基层员工，当你持有了华为的虚拟股份，你就是华为的一个小老板，那么为了自己获取更多的利益，你就会更加用心地去工作。

正因为如此，华为员工持股计划就与国内许多企业"老板发财、员工清贫、人才流失"的现状形成了非常鲜明的对比。

所以，华为的这种将个人与企业捆绑的"全员持股"选择就直接促使华为快速集聚人才，最终实现高速增长，这也是值得我国大部分中小企业借鉴之处。

坚持"利出一孔"的原则，就是华为内部从最高层到所有骨干层的全部收入，都只能来自华为的工资、奖励、分红及其他，不允许有其他额外的收入，这样下来就使得华为最终做出了 20 万员工团结奋斗的事业。

在"利出一孔"的原则下，华为每一位员工都紧盯目标，找准自身位置，主动作为，为企业的发展积极奉献。

四、岗位级别及薪酬等级

华为的岗位级别与薪酬等级体系是其人力资源管理的重要组成部分，旨在激励员工提升绩效，实现个人与企业的共同发展。

(一) 岗位级别

华为的岗位级别主要依据员工的职责、技能、经验等因素进行划分。一般而言，华为的岗位级别可以分为以下几类：操作层，包括基层操作人员，如生产线工人、客服人员等，他们负责执行具体的工作任务；技术层，包括助理工程师、工程师、高级工程师等技术岗位，他们负责企业的技术研发和创新工作；中层管理，包括部门经理、项目经理等中层骨干，他们负责协调和管理各个部门或项目的工作；高层管理，包括企业高层领导，如副总裁、总裁等，他们负责制定企业的战略方向和政策。

每个岗位级别内部还可以进一步细分为不同的职级，如助理工程师、工程师 A/B/C 等，以更精确地反映员工的能力和贡献。

以 2015 年为例，华为人均薪酬 94.4 万元，也就是说，华为 17 万员工人均收入接近百万。华为实行职级制度，一般本科和硕士毕业生进入华为职级是 13 级，博士可以到 15 级，每两年升一级，海外的升级速度略快，但都是越往上越难升，到 17 级、18 级一般是基层和中层骨干，21 级、22 级则到了总裁、副总裁级别。

华为员工级别在 13~22 级，23 级及以上为高级别领导，华为内网并不显示他们的级别。每一级分 A/B/C 三小级（技术岗不分小级），如表 10-1 所示。

表 10-1　华为岗位职级

级别	基本定义	工作年限
13	13~22级，每一级（技术岗部分）分 A/B/C 三小级，大部分华为员工在 18 级以内，18 级是个坎，正常每年升一小级，工资每年一涨，15 级以上工资涨得较慢	一到三年
14		三到五年
15		五年以上
16		
17		
18		

续表

级别	基本定义	工作年限
19	领导/专家	—
20		
21		
22		
23级及以上	高级别领导，华为内网不显示	

新入职的应届本科一般是 13C。此任职资格和你的技术等级挂钩（但是内部有时又不挂钩），技术等级共为 7 级，7 级只有一个，其余的为 6A>6B>6C>5A>5B>5C>4A>4B>4C>……1C）。形象地说，技术等级是职称，任职资格是享受的待遇等级。

华为任职资格和技术等级是挂钩的，规定为技术等级+13＝任职资格，如技术等级 3A，任职资格为 3A+13＝16A。规定是这样，实际会灵活些。

大部分华为员工在 18 级以内，通常华为工作十年的普通员工在 16 级、17 级左右，薪酬为 60 万元~70 万元。

18 级是重要分水岭，往上升需要重新考评、答辩，越过去后就是领导/专家。正常来讲，华为员工每年可以升一小级，工资每年一涨，不过 15 级以上工资涨得较慢。当然，业绩特别突出的员工，也可以一年涨一大级甚至连跳二三级。19 级以上属于领导岗和专家岗，公司内网可查到 22 级以内员工，23 级以上的则属于高级别的岗位。

（二）薪酬等级

华为的薪酬等级采用宽带薪酬制度，即同一岗位级别内的员工薪酬可以存在一定的差异，以体现员工绩效和能力的不同。

宽带薪酬制度的特点如下：

第一，薪酬范围宽泛。每个岗位级别对应一个薪酬范围，而不是固定的薪酬点。员工根据自身的绩效和能力，可以在该范围内获得相应的薪酬。

第二，绩效导向。宽带薪酬制度强调绩效导向，员工的薪酬与其绩效表现密切相关。绩效优秀的员工可以获得更高的薪酬，从而激励员工提升绩效。

第三，能力认可。除了绩效外，员工的技能、经验、学历等因素也会被纳入薪酬考量的范围。这有助于认可员工的能力差异，并为员工提供更大的发展空间。

在华为的宽带薪酬体系中，不同岗位级别和职级的员工对应不同的薪酬范围。一般来说，随着岗位级别和职级的提升，薪酬范围也会相应扩大。同时，企业还会根据市场薪酬水平、企业经营状况等因素对薪酬体系进行定期调整，以保持其竞争力和公平性。

华为公司 2018 年总收入 7212.02 亿元人民币，净利润 593.45 亿元，薪酬总成本 1465.84 亿元。

据此估算，2018 年华为平均每位员工为公司带来 383.62 万收入及 31.56 万净利润，人均薪酬 77.97 万元。当然，与 BAT 一样，华为高管及老员工股票分红多，拉高了平均薪酬，普通员工拿不到这么多钱。

华为的标准薪资结构是基本工资+年终奖+分红，若工作地点在海外不发达国家，会有额外补助，如表 10-2 所示。

表 10-2　华为薪酬等级

级别	基本定义	工作薪酬
13	13~22 级，每一级（技术岗部分）分 A/B/C 三小级，大部分华为员工在 18 级以内，18 级是个坎，正常每年升一小级，工资每年一涨，15 级以上工资涨得较慢	20 万~25 万（无股票）
14		26 万~30 万（无股票）
15		30 万~35 万
16		50 万~60 万
17		60 万~70 万
18		70 万~100 万
19	领导/专家	150 万~200 万
20		300 万~400 万
21		500 万~650 万
22		
23 级及以上	高级别领导，华为内网不显示	—

在华为供职年限越久，奖金越多，分红规模越大。

华为每年的分红收益并不固定，2013 年度每股分红 1.47 元，2014 年度每股分红 1.90 元，2015 年度每股分红 1.95 元，2016 年度每股分红 1.53 元，2017 年度每股分红 1.02 元。虽然每年的收益并不稳定，但这对于华为员工来说已经是让外人眼红的福利了。

五、工资推任务，先给员工一个"工资包"

很多企业的高层管理者总是陷入一种误区：没完没了地考核、打分，却不给员工激励。试想一下，这样的绩效管理能不能完美成功呢？答案是肯定不能。在华为，绩效激励是整个绩效管理的最关键一环，也是直接影响着员工绩效成绩和绩效质量的一环。所以，华为实行的是"分钱"式的绩效激励。其中华为的一个比较有特色也十分高效的做法是"工资推任务"激励方式。

华为的工资推任务模式，即先给员工一个"工资包"，再根据员工所期望的工资按比例倒推出任务，这是华为在绩效管理方面的一大创新。这种模式的实施，不仅激发了员工的主动性和创新性，也促进了企业整体绩效的提升。

（一）走出"逼迫员工"的误区

多数的企业在进行绩效管理中，为了取得成绩，让员工工作效率提上去，于是会给员工安排很多任务，这样的方式等于是逼迫员工工作。

比如，一个玩具工厂，每个车间员工每天要完成一百件玩具的模型制造，拿的工资是固定的薪酬。这时候，经理为了提高整体效益，想要提高车间加工的速度，于是要求每个员工每天多完成十件产品。美其名曰是为了提高业绩，然后等市场出现好转之后，就给工人加工资。但时间长了，员工薪酬不见增长，工作量却依然在加大。这样的方式等于逼迫员工，这在绩效管理中是非常不合理的。

还有一种方式与上述类似，只是薪酬有所上涨。企业意识到需要用薪酬激励员工，才能提高整体的绩效管理。但是企业却硬性要求员工每天多完成十件，然后每多完成一件产品给员工一定的提成。这样的方式和逼迫员工没有多大分别。硬性要求增加工作量，尽管给予一定的提成，也依然无济于事，员工只能糊弄，产品质量无法过关，公司整体的效益自然不会好。

在这方面，华为就敏感发现并及时远离了"逼迫员工"的误区。

首先，华为公司内部不会强制给员工增加工作量；其次，即便在需要提高产品生产速度时，也会增派人手和安排合理的薪酬激励。

想要取得合理的绩效管理，必须走出这种多数企业都会进的误区：逼迫员工。

（二）给员工"工资包"，按比例推给员工任务

华为在走出这种"逼迫员工"的误区之后，接下来做的就是比较有特色的方案：按照工资推任务。先给员工一个"工资包"，然后员工拿多少工资，就按这个比例去倒推给员工任务。

在华为，这个"工资包"代表了员工在一定时期内期望获得的总收入，其中包括了基本工资、绩效奖金、津贴以及其他可能的福利。这个"工资包"的设定，基于对员工的能力、经验、职位以及市场薪酬水平等多个因素的综合考虑。

例如华为高层管理者会给一个区域小组组长 500 万元的"工资包"，这个组长拿的工资是 30 万元。那么这个组长就必然会为了这 30 万元去想办法完成绩效。

有了这个"工资包"作为基础，华为再进一步根据员工的期望工资来倒推他们的任务。这意味着员工如果想要获得更高的收入，就必须承担更多的工作任务，达成更高的绩效目标。这种模式下，员工的薪酬与他们的任务完成情况直接挂钩，有效地激发了员工的积极性和责任心。

此外，华为还通过一系列的配套措施来确保这一模式的顺利实施。例如，华为会对员工进行定期的绩效评估，根据评估结果来调整他们的"工资包"和任务。同时，华为也鼓励员工之间的合作与竞争，通过团队协作和个人努力来共同完成任务，实现企业的整体目标。

事实上，华为的做法有非常值得借鉴的地方。华为绩效激励的作用，如图 10-6 所示。

图 10-6　华为绩效激励的作用

第一，企业组织绩效和部门费用、员工工资联动起来。这种做法的一个绩效管理核心问题就是一定要把公司的组织绩效和部门的相关费用，包括员工工资联系起来。这样最重要的目的就是将核心员工的收入大大提高。核心员工得到了"工资包"，那么也会倒逼员工的能力增长。

第二，考虑员工怎么生活下去。"工资高"是华为的一个标签。任正非曾这样说过："企业最痛苦的是什么，是低工资的员工太多。"

我们不难看到很多企业的现状：员工工资很低，每个人无所事事地坐在办公桌前，一群员工几乎有一天的闲置时间。这样的现状是很可怕的，也体现出了一个企业绩效管理的恶劣。

华为在绩效激励方面必须考虑到员工怎么活下去，要考虑如何保证并提高员工生活质量。

通过这两方面考量，华为强制规定必须给企业的核心员工增加"工资包"，从而倒推他要完成多少工作。在华为，每年年底，华为都会给前 20 名的员工增加 20% 的工资；没有达到前 20 名，但是也很不错的前 20% 的员工增加 10% 工资。

当然了，即便有些部门的任务工作完成得很差，也要给他们加薪，但是却可以适当地减人。

对许多中小企业来说，虽然不能做到像华为一样给每个员工都大幅度地涨工资，但可以做到给核心员工加薪。当企业给予核心员工一个客观的"工资包"的时候，核心员工的工作态度会更端正，也会主动提升工作能力，承接更重要的任务，这样企业定下的绩效目标才更容易达成，企业的发展才会更顺畅。这也是企业绩效激励的一个重要举措。

六、激励策略：减员、增效、加薪

时至今日，在瞬息万变的时代中，我国很多的传统行业已经被完全颠覆了,华为却依旧每年保持稳定的增长速度。追根溯源,关键性的一点是"减员、增效、加薪"。

华为的激励策略主要围绕"减员、增效、加薪"这一核心原则展开,旨在通过优化人员配置、提升工作效率以及增加员工收入,实现企业的持续发展和员工的共同成长。

(一)减员:精简人员很有必要

"减员"并非简单地减少员工数量,而是指通过科学的人力资源管理,优化人员结构,使人力资源配置更加合理和高效。这包括根据业务需求和员工能力进行岗位调整,以及通过内部培训、岗位轮换等方式提升员工技能,使其更好地适应企业的发展需求。

华为自创建以来始终坚定不移地推行绩效改进的考评体系,更是坚决实行减人、增效、涨工资的政策。可以说,华为的绩效管理中每一道工序、每一个流程,都始终以提高质量为前提,提高效益为基本。

在华为,基本上一个部门经理只能干三年,这三年的工作任务是精简人员,尽最大能力将自己辖区内的很多岗位合并。企业要想发展得好,就要学习华为这一点:管理岗位和职能岗位越合并越好,一个岗位的职能越多越好,产出岗位越细越好。

这里所讲的产出岗位指的是研发经理、市场经理、客户经理。与其他企业存在最大的不同就是华为对于产出岗位给出的标准是最好不要让他"升官",而是要让其"发财",也就是要对产出职位"去行政化"。简单地说就是华为一定要提升企业内产出职位的薪酬级别,让这个职位上的员工虽然只干产出的事情,但是却可以轻松享受总裁级的待遇。

(二)增效:不断提升工作效率和团队协作能力

"增效"是华为激励策略的核心目标。通过引入先进的技术和管理理念,华为不断提升员工的工作效率和团队的协作能力。同时,鼓励员工参与创新活动,提出改进意见和建议,从而不断提升企业的整体运营效率。

(三)加薪:强制规定给核心员工加工资

"加薪"是华为激励策略的重要手段。华为实行绩效导向的薪酬制度,根据员工的工作表现、能力水平以及市场薪酬水平等因素,确定员工的薪酬水平。同时，华为还通过设立奖金、津贴等福利制度，进一步激励员工的工作积极性。

一言以蔽之，一家企业要想留住核心员工，就必须给核心员工涨工资，顺利地倒推员工需要完成的任务，这也是增量绩效管理的关键所在。除了涨工资，增效、减员也是很多企业管理者应该学习的。

在华为看来，减员、增效、加薪三者是相辅相成的。通过优化人员配置和提升工作效率，企业能够实现更好的业绩和利润，从而为加薪提供物质基础。而加薪又能进一步激发员工的工作积极性和创造力，推动企业的持续发展。

对于企业而言，基本上就是靠着员工在一线的辛勤劳动，企业的产品才能源源不断地制造出来并送入市场，所以说，员工是企业的宝贵资产。而且很多时候留住老员工往往会比不断招收员工获益更多。想要留住核心员工，裁去可有可无的员工、福利待遇是必不可少的，也是企业管理者吸引和激励员工的重要手段之一。一方面，企业福利是员工总收入报酬的一部分；另一方面，企业管理者提供优越的福利，尤其是医疗、教育、住房等关涉人们基本生存和发展的物品和服务，可以增加员工对企业的归属感和忠诚度。

第四节

以人为本

一、华为如何留下核心员工

华为一直秉持以人为本的管理理念，坚信员工是企业最宝贵的财富。为了实现公司的持续发展和长期竞争力，华为注重提升员工的人均毛利润，以此推动企业整体毛利润的增长。

华为会专门针对一些具体的操作岗位上的员工实行特殊政策，像是如果该岗位员工在绩效改进经过一段时间后，发现改进越来越困难，华为就会专门推行岗位职责工资制，明确像是财务的账务体系、生产的一些流程等。职责工资制的主要内容也是针对员工定岗、定员、定待遇，顺利保证华为员工的责任心和对工作负责的精神不动摇，保证能够让他们依旧有着好的晋升通道。

（一）以人为本，留住关键人才

根据"二八定律"，通常一家企业中是由20%的关键岗位员工创造出80%的工作绩效，也就是说在工作中20%的关键岗位员工又影响着80%的普通岗位员工。由此可见企业对关键人才的需求，但现实是我国很多企业都面临着这样的问题：难以招到适合企业发展的人才，同时又留不住人才，大量的优秀人才外流。因此，企业要想留住关键人才就必须以人为本，树立"尊重知识、尊重人才"的人才观，利用各种手段积极探索出留住人才的方式，从而顺利地化被动为主动。

谈到留住人才这个问题，大多数企业的管理者首先想到的就是用高薪来留住人才，但其实最关键的一点是对人才进行有效激励。来自美国哈佛大学的心理学家威廉·詹姆斯经过调查后发现，如果员工处于缺乏激励的环境中，潜力就只能发挥20%~30%，但如果是处于良好的激励环境中的话，同样的员工却可以发挥出潜力的80%~90%。

再加上，企业一般分为技术和管理两个领域，员工一个人往往不能同时成为管理和技术专业人才，那么问题就出现了：两个职位工资待遇存在着很大的差别，甚至会直接影响到科研技术人员的努力程度。所以，华为为了解决这一困境，设计出了任职资格双向晋升通道。

对于刚入职的新员工，华为会首先让其从基层业务人员做起，之后上升为骨干，在这个时候华为就会让员工根据自己的喜好，选择自己未来的职业发展道路，成为一名骨干或者技术专家都由员工自己做主。华为的任职双向通道考虑到员工个人的发展偏好，给予了员工更多的选择机会，同时将技术职能和管理职能平等考虑，帮助员工成长。

而且员工在达到高级职称之前，不管是作为基层管理者还是核心骨干，工资都是相同的，两个职位之间还可以互相转换。只有等到了高级管理者和资深专家的职位时，管理者的职位和专家的职位才不会改变，这个时候，管理者的发展方向就是成为一名职业经理人，而资深专家的发展方向是成为专业技术人员。

不仅如此，华为甚至给每一名新进员工配置一位导师，对其在工作上和生活上给予关心和指导。一旦员工成为管理骨干后，还会给其配备一位有经验的导师给予指导。在这样的情况下，不管员工有任何需要，华为都能及时采取有效的激励方式，留住关键人才，减少了优秀员工的离职率。

（二）有效提高人均毛利润

在很多企业中，都存在着这样一个现象：很多员工不会为了自己销售收入的提升而努力。针对这种情况，华为特别制定一条激励制度：有效提高员工的人均毛利润，这个数基本上在三十倍到一百倍。

华为的具体做法是：先将毛利润分成六个包（研发费用包、市场产品管理费用包、技术支持费用包、销售费用包、管理支撑费用包、公司战略投入费用包），然后找到这六个包的"包主"，根据毛利润让这个"包主"去合理配比下面需要几个人。

人均毛利润对于任何一个企业来说都是重要的生存指标。

所以，企业要想做好员工的激励，就需要像华为这样，不仅要时刻以人为本，同时也要实现人均毛利润 100 万元的目标。因为人均毛利率的增长，决定着"工资包"的增长。如果企业的"工资包"上不去，掌握优秀技能的人才就很容易被别人挖走。

华为公司如今的发展速度非常之快，在选拔骨干时出现了一些因为来不及认真地考核，或是没有足够的时间去检验，把一些不合适的人推上了岗位的情况。甚至有的时候有的管理者还会因为员工的学历高等因素草率地提拔了他们。

针对这部分人，华为会分为两种方式对待：一种就是那些感觉自己能够适应下来的，让其利用已获得的机会，努力改造自己和提升自己，完全投入工作；另一种是不能适应的，华为就会为其更换职位，或者是积极调整他们的心态，让他们更努力地去争取到最需要和最适合自己的岗位上去工作。

除此之外，华为内的各级骨干部门，也需要时刻提高自己的管理水平，改善选拔骨干的手段，对那些不适应的骨干要加以关怀，做到切勿歧视任何员工，顺利推动骨干进步。

二、股份激励：分给员工股份是华为绩效薪酬的一大特色

华为公司的股份激励机制是其绩效薪酬体系的重要组成部分。华为通过员工持股机制，实现了"人人是老板"的理念，并确保了只要华为能持续成长，员工的分红也不会减少。

华为利用股权分配的方式使员工付出的劳动得到合理回报。针对股权分配，华为不搞平均主义，而是每年考评出每个人的股权额度，计算是否与其贡献大小成正比。

华为每年还会不断吸纳新员工，只要新员工有特殊贡献就毫不吝啬地以股权额度报偿和奖励。这样不断发展至今，华为的总股本年年都在调整，而那些不再做贡献的员工，会在"摊薄"的股份中被减少收入。这也是华为绩效薪酬中的一大特色。

（一）"人人是老板"：员工持股机制

华为实行员工持股计划，这一机制使员工成为公司的真正主人，从而激发了他们的工作热情和责任感。员工持有的是虚拟股份，可以享受公司的分红和净资产增值，虽然没有表决权和转让权，但这一机制仍然极大地增强了员工的归属感和忠诚度。华为根据员工的职位、绩效、任职资格等因素进行股权分配，确保每一位员工都能得到与其贡献相匹配的股份。

在华为，知识就是资本，所以作为华为人，不管是学历、能力、职务、职称、科研能力等都能够转化为有价资本，而拥有这些资本的员工就能成为华为的股东。不仅如此，在华为服务的年限、劳动态度等也能被看作华为资本的组成部分，而持有这些的有关员工也能借此得到一些相应的股权。

所以，对于华为的股东们来说，自己手中所持有的股权是一个变量。再加上华为四级人力资源管理委员会每年都会进行一次按贡献的大小评价考核每一位员工的股权额度，或增或减全由员工对企业贡献的大小来决定。这样年年调整股本的结果就会使那些贡献小的股东的股票，在不断地稀释过程中变得越来越少。经过了几年这样的运作，目前来说，华为员工持股的基本情况是：40%的员工有比例地持股，30%的优秀员工集体控股，10%～20%的新

员工和低级员工适当参股。

全员持股制度的推行使得华为与员工的关系得到了根本改变，员工成为华为的主人，对华为的归属感进一步增强。而且"人人是老板"的员工持股机制充分体现了员工自身所拥有知识的价值和价格，同时又兼顾了各方的利益，结成了员工与企业利益和命运的共同体。

（二）只要华为能成长，分红一点也不少

华为坚信只要企业能够持续成长和发展，员工的分红就不会减少。这一承诺得到了实际行动的支撑。华为通过不断提高企业的经营效益和市场竞争力，确保了企业的持续盈利和业绩增长。同时，华为还建立了完善的股权回购机制，以确保在员工离职或退休时，企业能够回购其持有的股权，从而保证了员工持股计划的稳定性和可持续性。

根据不同营销企业的具体情况，针对不同的阶层工作性质与特点，企业需要采取不同的激励方式。一般情况下，企业高层骨干（总经理、副总经理）为重点激励对象，对他们进行激励的目的是让其个人利益与企业的长远利益完全捆绑在一起，从而建立一种面向未来的长期激励制度。华为综合目前国内开展的多种类型的激励方式对华为高层给予这样的激励：现金入股+期股+年薪+期权（购股权）+津贴。

中层管理与业务人员作为企业未来的骨干，其激励方式与高层基本一致，只是股权激励的额度小了些，再加上中层领导工作的时效性，华为摒弃像高层一样的年薪制，改为月薪制，以便及时考核与奖励中层。其激励方式为：现金入股+期股+月薪+奖金+期权（购股权）+津贴。

对核心员工与绩优业务员的激励，华为采取月薪、奖金、津贴与期权的相结合方式，通常月薪的比重会偏高，同时赋予其股票期权。

华为的股权激励机制还与其绩效薪酬体系紧密相连。员工的绩效表现不仅影响其基本工资和奖金，还直接关系到其股权分配和分红金额。这种以绩效为导向的薪酬体系，使得员工更加积极地投入到工作中，努力提升自己的能力和贡献度。

三、物质激励：华为提倡多劳多得的物质激励

华为的物质激励策略通过高薪用人之道和活用制度、改革"多劳多得"

等方式，激发员工的工作积极性和创造力。

华为企业为了保证自己的一线人员能够在工作中永远保持活力，对一线人员进行了大手笔的物质激励。众所周知，在华为工作就代表着"高额收入"。华为的高薪政策来源于华为内部章程，其第六十九条规定："华为公司保证在经济景气时期和事业发展良好的阶段，员工的人均收入高于区域、行业相应的最高水平。"这一点充分体现了华为之所以能够顺利发展至今，还能在知识经济时代蒸蒸日上的一个根本的东西——价值分享。

通常情况下，一家企业机制的建立以及企业内部关系的形成，都受企业经营理念的支配。靠着"价值分享"，华为企业取得令人瞩目的成绩。

（一）华为"高薪"用人之道

为了让员工全身心地投入到工作中去，华为给予员工高薪，这也体现出了华为的高效率用人之道。也就是说，华为除了支付员工薪水外，还会投入一大部分于员工管理方面，无论员工的产出多少，公司内有关管理和沟通成本都不会出现明显变化。所以，高薪就成为华为挖掘员工潜力的最好方式，有效避免了华为的人才流失。华为的高薪政策不仅使得优秀的人才聚集到华为中来，同时也有效激励了员工工作的积极性。

华为总裁任正非说："价值分配制度和人力资源管理是企业所有问题中最核心与最具特色的部分，而分配问题始终是管理进步的杠杆。"

也因此，在更高的收入和更高的职务的激励下，现在的华为员工都愿意去一线工作。

（二）活用制度，改革"多劳多得"

"能者多劳，多劳者多得"，这句话一直以来都是华为企业的精神支柱。华为的管理制度虽然被任正非导入了大量的有关 IBM、GE、惠普等西方企业的管理制度，却独独少了华尔街的金融体系。这是因为，在任正非的眼中，华尔街那些搞金融的人光靠数字游戏就能赚大笔财富，但那些真正卷起袖子苦干的人却只能赚取微薄的工资，这是全世界最不合理的事情。

对于华为的基层员工，任正非强调"要在自己很狭窄的范围内，干一行、爱一行、专一行"。人性都是复杂的，既喜欢公平和舒适，又喜欢多劳多得。当然，这两者其实并没有好坏之分，关键在于企业自己的取舍。

近几年来，随着华为的不断发展壮大，华为一直在努力改进"多劳多得"的激励方针。

为什么要改革"多劳多得"，是因为华为部分老员工躺在股票收益上混日子的现象越来越严重，奋斗者们却得不到很好的回报。

所以华为改发 TUP 奖励期权计划来取代以往给员工发放虚拟股的激励手段。TUP 虽然只有五年有效期，但它不用钱买，而且每股分配的收益都是相等的，可以看作是现金奖励的递延分配，属于中长期的一种激励模式。这也相当于预先授予了员工们一个获取收益的权利，但这些收益则需要在未来 N 年中逐步兑现（跟业绩挂钩）。

这样一来，员工每年的收益，具体包括工资、奖金、TUP 分配和虚拟股分红（虚拟股分红池=营业利润-工资-奖金-TUP）。随着 TUP 实施范围和力度的逐渐增加，稀释作用不断加剧，员工本身的 TUP 收益必然会随虚拟股比重逐年下降，从而纠正了华为一直实行的股权激励制度由于实施时间太长，历史性贡献太过强化而产生的不合理性。

华为的薪酬管理具体体现在采取与员工能力、贡献相吻合的职能工资制。也就是说华为员工的职能工资都是按照其在华为的责任与贡献来确定任职资格的。随着华为的不断发展壮大，现在，华为早已经把知识、知识劳动与产权联系起来了。

四、精神激励："华为式"晋升、文化、绩效信息激励

在华为，大多数员工为知识型员工，这种类型的员工往往十分在意实现自身价值并强烈期望得到组织和社会的承认和尊重。所以，华为在加重物质激励的同时，对精神激励也非常重视。精神激励通常指的是能够强化人们心理上的满足感，受人尊重。主要分为文化激励、荣誉和职权激励。

（一）用文化激励培养员工能力

文化一直都代表着企业的灵魂，通常具有极强的凝聚力。华为具有代表性的文化分别是"土狼文化"和"家的氛围"。

华为一直以来提倡的一线文化就是"土狼文化"，强调的是狼的团体品质和秉性，"胜则举杯同庆、败则拼死相救"的团结协作精神在华为得到了充分

体现，而并非强调残忍和反人性。

因此，华为一直都有着成千上万的一线营销人员前赴后继，凭借着华为人独具特色的"狼性"在前线冲锋陷阵，为华为能够如此迅速地崛起立下汗马功劳。

除了"狼性文化"，华为一直以来还十分重视给员工"家的氛围"。任正非认为只有让员工时刻感到自己是在为自己的家服务，才会将企业文化建设融到自己的工作中。除了工作时间外，华为也努力丰富企业文化与生活，使企业员工能够在文化活动中增进彼此的情感，提高员工的工作质量和思想境界。

在大多数人的观念中，工作几乎都被看成谋生的手段，是为了索取报酬而必须付出的代价，因此很多人都把自身的工作和生活在内容上、时间上明确划分出一个分界线：在8小时之内，员工认为自己"卖"给了公司，8小时以外则是自己的时间。而华为员工则与此不同。华为努力让大家把公司当成一个大家庭，大家的工作是为了共同的事业。工作上，华为采取灵活多变的方式来增加工作的趣味性，比如选择高级的度假酒店来召开会议；工作之外，华为还组织多种多样的活动丰富员工的生活，使员工把从中获得良好的心情和精力带到工作中来。

这种精神激励方式在华为刚起步的时候成为华为飞速发展的推动力，现在，再经过多年的积累之后，华为早已建立起了符合自身特色的企业文化。

（二）荣誉奖励和职权激励

除了文化激励外，华为的精神激励还有荣誉奖励和职权激励。因为有着各种各样的奖励，所以还专门成立了一个荣誉部，主要的作用就是专门负责对员工进行考核和评奖。在华为工作的员工只要在某方面有进步就一定能得到奖励，可以这么说，华为对员工的所有点点滴滴的进步都给予奖励。

华为的荣誉奖励相比较文化激励有着自己的特点：面广人多，华为的员工很容易在毫无察觉的情况下获得了公司的某种奖励。员工只要有自己的特点，再加上工作有自己的业绩，那么得到荣誉奖励就轻而易举了。

除了荣誉奖励，在华为，还有着职权激励，对于华为员工来说，职位不单单是权力的象征，也是收入的象征。就比如职权激励，华为就是把职权和收入捆绑在一起。华为的员工只要能到一个比较高的位置，那么其能从这个位置上获得的收入会是起始收入的若干倍。为了留住人才，华为使出了很多手段。

　　总而言之，物质和精神上的激励合在一起能够保证华为的营销团队永远活力充沛，时刻保持着战斗力。